L'ORACLE DE LA ROSE

Titre original : *The Rose Oracle.*
Publié pour la première fois en anglais pas Hay House Inc.

Illustrations : © Katie-Louise.
Design de couverture créé par Rebecca Campbell et Katie-Louise
Traduit de l'anglais par Véronique Dumont.

ISBN : 978-2-36188-692-9

www.editions-tredaniel.com
info@guytredaniel.fr
www.facebook.com/tredanieleso
@tredaniel_eso

REBECCA CAMPBELL

ILLUSTRATIONS DE

KATIE-LOUISE

L'ORACLE DE LA ROSE

ÉDITIONS
EXERGUE
27, rue des Grands-Augustins
75006 Paris

À ma grand-mère, Margaret Watt,
qui m'a fait découvrir les fleurs
et a toujours vécu les mains dans la terre.

À tous ceux qui sont en quête
de leurs racines et aiment en prendre soin.

△

SOMMAIRE

LES CARTES
Messages et interprétations

REMERCIEMENTS

Le voyage créatif qui m'a conduite à cet oracle compte parmi les plus émouvants de ma vie et je n'aurais en aucun cas pu le mener seule à son terme. Je remercie infiniment les nombreux fils, connus et inconnus, qui se sont unis dans sa tapisserie.

Aux gardiens et dépositaires de la terre à Glastonbury, dans le sud-ouest de l'Angleterre, où est né cet oracle : au peuple celte des Dumnone ainsi qu'aux plantes, pierres, eaux et êtres de l'ancienne île d'Avalon. Aux gardiens de la terre et aux anciens peuples celtes de Regent's Park, à Londres, où les roses se sont adressées à moi pour la première fois : les Trinovantes et les Cantiaques. À l'ancien peuple celte du lieu où cette œuvre a été créée : les Catuvellauni.

Aux plantes de ma ville de Glastonbury, notamment celles de mon jardin. Aux rosiers sauvages et domestiqués, au chèvrefeuille et au jasmin, au chêne et à l'if.

Merci de m'avoir aidée à m'enraciner encore plus profondément dans cette terre.

Aux nombreuses traditions et cultures, dont la mienne, qui cultivent la rose depuis l'Antiquité.

Aux mystiques, artistes et poètes qui ont transmis Son symbolisme, Sa sagesse et Ses secrets à travers les âges, notamment ceux qui ont perpétué ces savoirs à une époque où un tel engagement comportait des risques, et à tous ceux revenus pour partager l'évolution de Sa sagesse.

À Sage Maurer pour avoir fourni un réceptacle dans lequel explorer mon amour pour les fleurs, les herbes sauvages et les plantes et m'enraciner plus profondément. À Eliza Reynolds et Madeline Giles, mes sœurs d'Avalon, pour m'avoir accompagnée et avoir dansé avec moi dans ce jardin merveilleux.

À Craig Gourlay pour avoir dit « oui » à l'*Old Rose Cottage* avant que nous sachions qu'il s'agissait de l'*Old Rose Cottage*. Merci d'avoir répondu à l'appel d'un retour à la nature et à une vie dédiée à sa beauté. Merci également pour sa patience et son soutien sans faille dans les recherches menées pour garantir les racines profondes de cet oracle.

À Philip Knight pour avoir toujours protégé et veillé sur les plantes et nous avoir aidés à redonner vie à l'*Old Rose Cottage*.

À tous les membres de mon équipe, Amy Kiberd, Jade Perez, Lynsey Cowan, Amy Firth, Paige Parsons, Paula Love-Joy et Rhianon Christie, pour leur dévouement et leur soutien indéfectibles qui ont permis la réalisation de cet oracle.

À toute l'équipe de Hay House UK, en particulier Michelle Pilley, pour l'avoir accueilli avec enthousiasme alors qu'il n'était encore qu'une graine.

Aux nombreux frères et sœurs de la rose qui ont embrassé ma route depuis 2010.

À Binnie Dansby pour m'avoir rappelé combien il importait de m'ouvrir physiquement et spirituellement au travers des extrêmes. Sa présence sage et apaisante a permis à mon âme de s'implanter ici plus pleinement que jamais.

À Cassandra Rosa et Alix Thorpe pour m'avoir soutenue après que je suis devenue mère et pour incarner si magnifiquement la médecine de la rose.

Aux Drs Deborah Egerton et Tracy Cooper, pour leurs connaissances et leur sincérité, et pour être devenues une part essentielle du processus de création.

À Kate Savage pour avoir ressenti l'appel de la rose sans s'attacher au résultat.

À Katie Louise pour avoir poursuivi ce voyage exaltant, profond, curatif et créatif à mes côtés. Je suis si fière de notre œuvre. Merci pour son dévouement, son ouverture d'esprit et ses efforts qui ont permis d'insuffler la vision de cet oracle dans le monde physique avec dévotion et humour. J'apprécie infiniment notre collaboration et notre amitié. Nous ignorions l'une et l'autre que ce processus serait aussi intense et je ne changerais rien à cette merveilleuse aventure.

À mon fils, Sunny, pour m'avoir ancrée ici plus profondément que je l'imaginais possible.

À Notre Mère la Rose, pour son pouvoir de guérison et son fil rose éternel.

LA ROSE

Les mystères ancestraux de la rose

△

L'APPEL DE LA ROSE

Depuis de nombreuses années, je perçois les murmures de Notre Mère la Rose qui m'a guidée pour créer cet oracle destiné à lever le voile sur ses mystères et à vous reconnecter à son énergie sacrée. Je crois du fond du cœur à la puissance de son pouvoir curatif, plus essentiel que jamais aujourd'hui.

La rose m'est apparue en 2010 – avant cette prise de conscience, cette fleur mystérieuse s'épanouissait dissimulée à ma vue. Je traversais une période particulièrement éprouvante et ressentais une peine profonde et chronique. Lorsque la force de vie qui s'était assoupie en moi s'est réveillée, la rose est devenue ma compagne de route. Elle m'a enracinée dans le sol de ma vie alors si instable tout en révélant à mon cœur comment s'épanouir alors que mon seul désir était de me couper du monde. Elle m'a guidée pour renforcer, guérir et adoucir mon âme, revenir à la terre et m'ouvrir à la douceur de la vie en affrontant l'ombre et l'épine.

Si je regarde en arrière, je prends conscience d'avoir été bénie par ce que j'appelle désormais les « vecteurs du fil de la rose »: ces personnes dont la présence m'a reliée au pouvoir curatif de cette fleur merveilleuse et reconnectée à moi-même. Au début, cela me paraissait sans importance, mais au fur et à mesure de mon travail avec la rose, je me suis ouverte à ses pouvoirs curatifs.

Une femme m'a raconté qu'après son divorce, elle s'était acheté un bouquet d'un rose tendre afin de prendre soin d'elle-même et qu'il l'avait aidée à apaiser son cœur. Une autre m'a montré des centaines de tableaux qu'elle avait consacrés aux qualités sensuelles et mystérieuses de cette fleur spiralée. Une guérisseuse m'a demandé d'oindre mon cœur avec une goutte d'huile essentielle d'absolu de rose afin d'en expulser ma peine alors que je traversais le vide apparemment stérile d'une nuit obscure.

Je me suis mise à boire du thé aux pétales de rose et à travailler avec des infusions, des élixirs floraux et des remèdes homéopathiques. J'ai médité en compagnie d'une présence que j'ai nommée Notre Mère la Rose et commencé à intégrer inconsciemment ce travail dans ma pratique quotidienne. Au début de l'année 2010, j'ai mis en place un rituel hebdomadaire qui consistait à me rendre au marché aux fleurs local et à m'offrir six roses qui murmuraient à mon âme, ce cérémonial périodique l'invitant à s'implanter plus pleinement en ces lieux. Je disposais les fleurs dans des vases en verre chinés dans des brocantes, créant des autels dans chaque recoin de mon studio.

Je regardais les roses s'ouvrir et mon cœur s'apaisait. Au fur et à mesure que je m'enivrais de leur délicat parfum, j'autorisais la douceur à revenir dans ma vie. Leurs épines, lorsqu'elles me piquaient, me rappelaient la nécessité de prendre soin de moi. Leur beauté m'ouvrait les yeux sur l'éclat et l'harmonie qui m'entouraient. Avant même de m'en rendre compte, je nouais une relation profonde avec cette fleur immémoriale. La savourer, la sentir, la toucher et la voir devint pour moi le moyen d'accéder à mon âme au travers de mes sens corporels.

CRÉER AVEC LES ROSES

Peu de temps après, j'ai découvert les Queen Mary's Rose Gardens du Regent's Park, à Londres, et c'est alors que mon travail avec la rose a réellement commencé. Cette roseraie abrite la plus grande collection de roses de la ville avec 85 variétés et environ 12 000 fleurs. Près d'elles, j'ai découvert que je percevais plus nettement les

« murmures » de ma voix intérieure. Plus je les côtoyais, plus je me sentais connectée à mon âme et à mon corps et vivais en harmonie avec ma véritable nature.

Bientôt conquise par la poésie et l'écriture, je rédigeai mon premier livre. Je me souviens du jour où j'ai terminé le dernier chapitre. Assise dans un parc, sous un dais de roses, j'ai regardé autour de moi et je me suis mise à pleurer, consciente d'avoir écrit ce livre « avec » les roses. J'avais pu grâce à elles m'enraciner plus pleinement dans ce lieu tandis qu'un nouvel univers se révélait à mon regard. Comme si le sacré avait uni le monde de l'âme et du ciel à celui de la terre physique et de mon corps.

La beauté, le parfum et l'épanouissement audacieux de la rose invitaient mon âme à se répandre plus pleinement en moi-même. À être plus présente dans ma vie. Parce que cette fleur s'abandonnait avec confiance aux saisons, j'ai commencé à faire de même. J'avais le sentiment qu'elle enseignait à mon âme comment devenir plus intensément humaine et, simultanément, m'appelait à embrasser ma nature en constante évolution.

Lorsque je regarde en arrière aujourd'hui, je comprends que cette stimulation a eu une forte incidence sur une large part de mon travail réalisé depuis. Ce qui était né comme la simple perpétuation de la « lumière » de ma vie était devenu une véritable muse créative. Après des années d'écriture et de voyages pour animer des ateliers, j'ai compris que mon seul désir était de vivre parmi la beauté des fleurs, de travailler avec elles et de louer leur magnificence. Je me souviens de l'avoir confié à un ami qui m'a alors encouragée à étreindre cette passion qui ravissait mon cœur. *L'Oracle de la rose* résulte sans aucun doute de nos échanges.

LE RETOUR AU JARDIN

Après avoir vécu onze ans à Londres, j'ai ressenti peu à peu le désir de quitter la ville et de me recentrer sur la nature. Afin qu'ils m'orientent, j'ai appelé les esprits de ma future maison. Chaque fois que je parvenais à établir une connexion, surgissait une vision cristalline de moi-même, allongée sur une pelouse au vert tendre qui semblait m'accueillir au cœur d'une magnifique roseraie exaltant mes roses préférées : la David Austin et une ancienne rose sauvage, la *Rosa gallica*. Sans que je parvienne, toutefois, à savoir où se situait cet éden.

Après des années de visions et alors que je commençais à envisager sérieusement mon retour en Australie, je me suis réveillée un matin avec une certitude : ce jardin se trouvait dans la ville de Glastonbury, dans le sud-ouest de l'Angleterre. Très vite, j'y ai découvert une maison avec laquelle j'ai aussitôt ressenti un lien d'appartenance (même si elle n'avait pas de roseraie). Quatre semaines plus tard, nous emménagions dans ce qui allait devenir mon paradis.

Le jardin de notre nouveau foyer avait été terriblement négligé. Du goudron avait été répandu sur les racines de nombreuses plantes qui semblaient mortes, tandis que des mauvaises herbes et des fleurs sauvages explosaient littéralement à travers ses fissures – telle la promesse d'un sol fertile –, refusant de pousser en rangées ordonnées et, contre toute attente, se révélant incroyablement résistantes. Semaine après semaine, mois après mois, nous avons pris soin de ce merveilleux espace et l'avons vu renaître, plantant vingt nouvelles variétés de roses avec l'aide de Philip, un jardinier local qui me délivrait de précieux conseils.

Chaque année, d'anciens rosiers laissés à l'abandon ressuscitaient. Alors que nos roses s'épanouissaient, les passants nous avouaient leur plaisir de voir « revivre » ce jardin d'Éden. C'est ainsi que nous avons appris que plusieurs décennies avant notre emménagement, cette propriété avait pour nom *The Old Rose Cottage* et que sa propriétaire était en profonde communion avec les roses. Les variétés les plus exquises constellaient son royaume. Chaque année, elle se rendait en bus à Londres pour assister au Chelsea Flower Show – l'exposition des roses David Austin était sa préférée – et revenait avec une nouvelle espèce à planter. J'ai peu à peu commencé à étudier la médecine des plantes sacrées et l'herboristerie intuitive et appris à travailler plus intimement avec les roses et les fleurs sauvages locales – mais aussi avec des herbes nutritives et autres plantes analogues. J'ai appris à les faire sécher afin de créer des thés, des essences, des infusions bienfaisantes et autres bénédictions de la terre.

Je me sentais privilégiée de pouvoir assister au premier rang à l'un des plus beaux spectacles de la nature – contempler les roses qui bourgeonnent, fleurissent, s'épanouissent et retournent à la terre. J'ai commencé à étudier leur symbolisme dans l'art mystique et d'anciens mythes et récits. Chaque jour, je plantais de nouvelles variétés. J'appelais mon âme à habiter pleinement mon corps, de la pointe de mes cheveux jusqu'au bout de mes ongles. Grâce à cette plante mystique, ma vie s'est embellie, intensifiée, enrichie en mystère, en perspectives et bienveillance. Parfois, je me demande si c'est elle qui a dicté ce choix à mon âme.

Je sais ne pas être la seule à posséder ce lien avec la rose. Cette fleur magique est un remède pour chacun d'entre nous. Parce que nous appartenons à la nature, elle ne cesse de nous solliciter. Puisque vous lisez ces mots, sans doute vous a-t-elle appelé vous aussi à revenir à la terre, à vous enraciner. À percevoir la beauté autour de vous et vous souvenir du grand mystère, à tisser le sacré sur le chemin de ce retour à la nature.

Ma prière est que cet oracle vous permette de communier avec la sagesse de votre âme et de la semer dans votre jardin corporel, qu'il vous aide à vous ancrer et à apprécier le bourgeon, la floraison et le fruit de votre vie.

Chacun de nous est une graine, ébauche de la roseraie la plus exquise sur le point d'être révélée au grand jour. Puissent ces cartes encourager ce qui a été semé en vous à s'enraciner, éclore et fleurir.

Avec tout mon amour.

NOUS *SOMMES* LA NATURE

Si vous cherchez la définition du mot « nature » dans un dictionnaire, vous découvrirez que l'une d'elles énonce « toutes les plantes, les animaux et les caractéristiques physiques de la terre ainsi que ses forces et son processus », mais omet les êtres humains et indique spécifiquement qu'ils n'en font pas partie. Qu'ils sont séparés d'elle. Est-il étonnant, dès lors, que tant de personnes se sentent déconnectées de notre Mère nourricière? Que l'humanité ait infligé tant de dommages à la planète plutôt que de se considérer comme son prolongement?

Je pense que beaucoup parmi nous ressentent cette séparation d'avec la terre – donc de nous-mêmes et des autres – et que cette scission entre la terre notre Mère, ses saisons, ses cycles et son évolution constante, et les hommes a provoqué une grande partie des problèmes auxquels nous sommes confrontés aujourd'hui. Tout comme je suis persuadée qu'imaginer le divin dans les cieux plutôt que dans la grande tapisserie terrestre ne fait qu'aggraver cette dissociation.

Nous avons besoin, aujourd'hui plus que jamais, de discerner le sacré en toutes choses. De remarquer la beauté qui nous entoure, de déceler le sacré dans les arbres, les fleurs, les plantes et les pierres ainsi qu'en nous-mêmes et les autres. De replacer notre âme dans notre quotidien. Et la rose est sans conteste la porte d'accès la plus puissante pour nous aider à y parvenir.

LE RETOUR À LA NATURE

Si nous remontons assez loin dans le temps, nous trouvons chez nos ancêtres des traditions enracinées dans la terre, des sages qui la respectaient et honoraient son caractère sacré. Aujourd'hui, des gardiens de la sagesse suivent encore ce fil et nous chantent ses louanges malgré les dommages tragiques causés par le colonialisme et le patriarcat.

Puissions-nous les protéger, les soutenir et les vénérer. Puissions-nous écouter leur chant. Les plantes, les arbres, les fleurs et les pierres perpétuent cette sagesse oubliée. En travaillant avec des plantes comme la rose, nous pouvons revenir à la terre et à nos ancêtres – ceux qui se souviennent – et découvrir qu'eux aussi glorifiaient la nature.

Pour la majorité d'entre nous, les liens avec les traditions terrestres ancestrales ont été rompus par le colonialisme et la domination impérieuse de l'Église. Dès lors, le culte de la terre en tant que Déesse vivante et Grande Mère fut interdit et, dans de nombreux cas, abandonné. Le respect pour le caractère sacré du féminin et de la terre se plaça naturellement en « dormance » en raison de la persécution et de la loi du silence. Dans de nombreuses régions du monde, les guérisseurs, les chamans, les sages-femmes et tous ceux qui travaillaient avec les plantes à des fins curatives furent persécutés et leur mission pour nous communiquer savoir et sagesse, interdite. Tragiquement, certaines lignées furent perdues, mais grâce au ciel, elles résonnent encore aujourd'hui dans les plantes.

Pourtant, après tout ce temps et le mal accompli, la nature – les arbres, les pierres, les plantes, les fleurs – continue de nous bercer et de nous guérir. Elle nous appelle à revenir à elle et nous incite aujourd'hui plus que jamais à nous souvenir de sa magie et à réintégrer le sacré dans notre quotidien. Elle nous révèle comment nous comporter en tant qu'êtres humains et prospérer sur la planète Terre à chaque instant, chaque jour. La rose est l'une des nombreuses plantes qui nous encouragent à revenir à nous-mêmes, aux autres et à la terre avant qu'il ne soit trop tard – elle le fait pour nous et non pour elle. Puissions-nous entendre son appel, l'embrasser et l'écouter.

△

LES RACINES ANCESTRALES DE LA ROSE

La rose est une fleur ancestrale aux racines infiniment plus profondes que celles de l'humanité – elles remontent à plus de trente-cinq millions d'années ; des restes fossilisés de ses feuilles et pétales ont été découverts en Asie, en Europe et en Amérique du Nord.

Alors qu'il en existe aujourd'hui d'innombrables variétés, toutes appartiennent à trois groupes majeurs. Le premier est constitué par les roses communément appelées sauvages – ce sont les variétés les plus anciennes, issues de la *Rosa gallica*. Ces rosiers fleurissent une fois par an et leurs corolles s'ornent de quatre à huit pétales. Le deuxième groupe est composé d'anciennes roses de jardin qui fleurissaient avant 1867, date de l'introduction de la première rose thé hybride. Les roses de Chine, Alba, Ayrshire, Bourbon, Boursault et Centifolia comptent parmi cette variété. Le troisième groupe comprend les roses hybrides modernes.

Le culte de la rose se retrouve dans les textes, les tablettes, l'art et la poésie depuis la nuit des temps. Symbole de l'amour humain et divin, de la beauté, de la guérison, du féminin, des secrets cachés et du mysticisme, elle n'a jamais cessé d'être vénérée par les guérisseurs, les herboristes, les botanistes, les amoureux, les rosiéristes, les artistes, les poètes, les mystiques, etc., du monde entier.

Des archives nous sont parvenues de ses utilisations médicinales et autres dans de nombreuses cultures anciennes, notamment en Mésopotamie – le mot « rose » apparaît 181 fois sur 600 tablettes d'argile découvertes dans cette région du croissant fertile – et en Chine, d'où l'on pense que la rose de Chine est originaire. Des vestiges de couronnes de roses ont également été retrouvés dans des tombes égyptiennes et des pièces de monnaie datant d'environ 500 av. J.-C., frappées de roses, mises au jour sur l'île grecque de Rhodes.

LA ROSE ET LES DÉESSES

La rose est la reine mystique de toutes les fleurs. Plus nous remontons son fil, d'Ishtar à Isis, d'Aphrodite à Vénus, d'Inanna à Marie, Mère du Christ, plus elle nous apparaît dans de nombreuses traditions comme le symbole de déesses à la ressemblance frappante. Certaines étaient vénérées en secret, tandis que d'autres, littéralement « englouties » par d'autres croyances, étaient rebaptisées. Dans de nombreux cas, le parfum de la rose constitue l'un des nombreux symboles sacrés unissant l'art et l'histoire.

Dans les temps anciens, des guirlandes de roses étaient placées autour des statues des Déesses Mères du monde entier vouées à son culte. Le chapelet utilisé par les catholiques aujourd'hui découle de cette tradition ; le mot « rosaire » vient du latin *rosarium* qui signifie « jardin de roses », « couronne de roses » ou « guirlande de roses ». Tout comme les déesses d'autrefois, Marie, Mère du Christ, est étroitement associée à la rose et connue sous divers noms tels que « Rose mystique » et « Rose sans épines ».

Inanna, déesse mésopotamienne associée à l'amour, à la beauté, au sexe, à la guerre, à la justice et au pouvoir politique, était symbolisée par la rose, à l'instar de la déesse égyptienne Isis qui aurait été une incarnation d'Ishtar (déesse sumérienne) et de Sophia, présente à la naissance de la création (voir page 144).

LA ROSE DANS LES MYTHES ET LÉGENDES

Dans la mythologie et la littérature de la Grèce et de la Rome antiques, la rose est un puissant symbole d'amour et de beauté. *L'Iliade* d'Homère décrit comment Aphrodite, la déesse de l'amour, de la beauté, du plaisir et de la fertilité, a oint d'huile de rose le corps d'Hector avant de l'embaumer. Souvent représentée avec une couronne de roses, elle était honorée par une luxuriance de roses blanches. La légende dit que la rose immaculée jaillie de ses larmes versées à la mort de son amant, Adonis, s'empourpra lorsqu'une goutte de son sang l'éclaboussa. Le fils d'Aphrodite, Éros, dieu de l'amour et du désir, était lui aussi souvent représenté le front ceint d'une couronne de roses.

Les Trois Grâces – les déesses grecques associées à la beauté, au charme, à la nature, à la créativité et à la fertilité – auraient saupoudré la terre de roses pour célébrer l'union de Psyché, la déesse de l'âme, et d'Éros.

Les Romains adoptèrent le culte d'Aphrodite qu'ils nommèrent Vénus, dès lors assimilée à la végétation terrestre. L'une de ses représentations les plus célèbres est celle du peintre italien Sandro Botticelli, *La Naissance de Vénus*, qu'il réalise au XVe siècle et dans laquelle il s'empare de l'ancien mythe selon lequel Vénus serait née de l'écume de la mer ; là où l'écume se répandait, des roses blanches s'épanouissaient.

Dans un récit de l'Antiquité romaine, Flore, la déesse du printemps et des fleurs, découvrit un jour le corps d'une nymphe dans la forêt. Éplorée, elle pria pour qu'elle se mue en la plus belle des fleurs. Les Trois Grâces et Vénus la métamorphosèrent en rose qui, à compter de ce jour, devint « la reine des fleurs ». Dans un autre mythe romain, la déesse Cybèle, ou Magna Mater (Grande Mère), l'aurait créée parce qu'elle était jalouse de Vénus et voulait attirer Adonis avec un don à la beauté encore plus aboutie.

LA ROSE ET LE CULTE CACHÉ DE LA DÉESSE CELTE

La rose possède également des racines profondes avec les déesses du peuple celte préchrétien. Dans de nombreux rites et rituels de la tradition celtique, elle incarnait le cœur. Toutefois, lorsque le christianisme fut adopté par les Romains, puis se répandit dans l'Empire, les fêtes et rituels floraux païens furent dénoncés par l'Église, qui alla jusqu'à la bannir des cimetières.

Alors que le christianisme s'imposait à travers l'Europe, l'une des stratégies de conversion de l'Église consistait à remplacer des divinités idolâtrées depuis des siècles par des saints chrétiens. Ainsi, la déesse celte Brigid devint sainte Brigitte et Anu, sainte Anne. Puis, tandis que les gens apprenaient à vénérer un Dieu unique – masculin – et le Père et le Fils dans la Sainte-Trinité, le respect pour le féminin et la nature si présent dans l'ancien culte des déesses et dans les traditions spirituelles celtes se perdit.

Toutefois, ceux qui aspiraient à maintenir le lien avec le féminin divin découvrirent de nouvelles manières de pratiquer leur culte. Certains manifestèrent leur ferveur en se vouant à la Vierge Marie dont le symbole était la rose – comme il l'avait été pour les Déesses Mères qui l'avaient précédée. Dès lors, Marie devint la déesse que chacun pouvait vénérer sans crainte d'être persécuté.

UN SYMBOLE DE MYSTÈRE ET DE SECRET

Historiquement, les roses sont un symbole de savoir secret et de confidentialité. Dans l'Antiquité, les Romains portaient des guirlandes de pétales de rose lors d'événements ou de cérémonies spécifiques. Lorsqu'ils les suspendaient, les conversations qui se tenaient sous leurs dais étaient considérées comme *sub rosa*, littéralement, « sous la rose », et il était entendu que toute parole prononcée « sous la rose » devait être tue.

Une image de l'ancien dieu égyptien Horus, fils d'Isis, le montre assis une rose à la main et un doigt sur les lèvres, symbolisant le silence sur les « mystères » profonds – tout ce qui était sacré et secret. La confrérie rosicrucienne doit son nom à son symbole, une rose sur une croix ; l'ordre prétendait détenir une sagesse secrète transmise depuis l'Antiquité.

Bien que la rose ait des propriétés médicinales et soit utilisée à des fins alimentaires et curatives, dans les thés, les huiles et les essences, son objectif majeur pour l'humanité est de susciter un sentiment de vénération. Lorsque nous la côtoyons, notre âme perçoit son invitation à nous ancrer plus profondément. Son parfum et la symétrie de sa corolle nous ravissent et nous font vivre simultanément la transcendance et l'immanence. Certains voient la Rose-Croix comme un symbole de cette union – le ciel et la terre avec la rose comme point d'intersection. La rencontre de l'Esprit, de l'âme et de la terre.

L'histoire biblique du jardin d'Éden révèle la pomme qui, comme la rose, appartient à la famille des rosacées.

Une légende péruvienne y fait écho ; dans ce récit, Ève s'empare d'une rose et non d'une pomme. Dans quelle mesure la vie aurait-elle été différente si cette histoire avait remplacé celle d'Adam et Ève dans le jardin d'Éden – lorsqu'Ève, ayant commis le péché originel, en est chassée – qui est sans doute l'une des plus influentes de l'humanité. À mon sens, tout travail avec Notre Mère la Rose devrait impliquer sa réécriture.

Nous sommes appelés à nous souvenir et à comprendre que nous sommes tous saints et sacrés, que nos âmes ont toujours été immortelles et que nous n'avons jamais été chassés du jardin d'Éden – car nous *appartenons* à la nature, du plus profond de notre âme et de notre esprit à la pointe de nos cheveux. Cette rupture d'avec la terre – qui nous a amenés à ne plus nous considérer comme l'un de ses éléments inhérents, à ne plus voir le féminin en chacun de nous comme saint et sacré – est le point de départ du travail du féminin sacré.

LES ASSOCIATIONS SACRÉES ET MYSTIQUES DE LA ROSE

Dans l'islam, le parfum d'une rose incarne le caractère sacré de l'âme et, comme dans le christianisme, sentir le parfum d'une rose en son absence signifie la présence du divin. Selon les textes, lorsque Mahomet accomplit son voyage en présence de son Seigneur, une goutte de sueur tomba sur la terre et fit éclore une rose.

Dans le mouvement mystique du soufisme, la rose symbolise la perfection et l'union profonde avec Dieu. Ses épines représentent les difficultés auxquelles nous sommes confrontés et sa floraison multiple nous enseigne qu'il est possible de renaître sans avoir cessé de vivre – cette leçon émaille également d'autres traditions mystiques.

Pour les poètes du soufisme, la rose incarnait la beauté idéale de Dieu – la géométrie sacrée de toute vie. Mon favori, Hafiz, qui vécut au XIVe siècle, chanta intimement la rose en dévotion à l'être aimé qui vit en nous ; il était originaire de Chiraz en Iran, la ville des roses. D'autres poètes soufis, tel Rumi, la placèrent eux aussi au centre de la vie intérieure mystique.

Dans le tarot, la rose apparaît généralement sur quatre cartes. Sur celle du Fou, la rose blanche symbolise la pureté ; sur celle du Magicien, elle incarne la sagesse épanouie, sur celle de la Force, l'équilibre, et sur celle de la Mort, un message de transparence d'intention.

Tout au long de l'histoire, la rose a été associée aux anges. Selon certaines croyances, il est possible d'attirer grâce à elle les royaumes angéliques et sentir son parfum en son absence implique une présence céleste.

En littérature, la troisième partie de *La Divine Comédie* de Dante intitulée « Le Paradis » explore certains des mystères de la rose. Le dernier chant évoquant une rose blanche illuminée par le soleil représente la réalisation de l'union mystique avec Dieu. L'accomplissement de la quête spirituelle du poète.

En mathématiques, la suite de Fibonacci et le nombre d'or sur lequel elle se fonde sont une séquence découverte en 1202 – dans laquelle chaque nombre entier est la somme des deux précédents – qui se retrouve dans toute vie. Les pétales d'une rose possèdent ce ratio sacré, chaque nouvelle fleur s'épanouissant dans l'espace laissé par les précédentes. Peut-être est-ce la raison pour laquelle nous éprouvons un sentiment de métamorphose lorsque nous contemplons sa corolle.

En cette époque où d'anciens secrets sont exhumés et certains mystères prouvés par la science, l'importance de la rose à travers l'histoire, dont les secrets semblaient dissimulés à la vue de tous, se révèle à nos yeux.

Alors qu'elle devient de plus en plus populaire et est adoptée par le cœur des hommes, nous commençons à discerner dans le monde mystique, de la guérison, du sacré, du féminin et du caché – au-delà de la rose rouge cultivée dans les serres pour exalter les déclarations d'amour commerciales de la Saint-Valentin –, ses qualités et sa symbolique présentes depuis la nuit des temps.

Que suscite la rose en vous?

△

LE GUÉRISSEUR DES HEURES INSTABLES

Je crois que cette fleur ancestrale – dont la popularité ne cesse de grandir – détient des messages majeurs pour l'humanité et porte en elle les remèdes puissants, tant attendus, et le potentiel de guérison si nécessaire aujourd'hui.

Il est clair que l'humanité s'est en grande partie égarée et que la multitude de divisions et de traumatismes qui en ont découlé doivent être guéris. Dès lors, il me semble logique que la rose, drapée dans tant de mystère et de sacralité ancestraux, nous tende la main. Ou que nous lui tendions la nôtre.

Selon mon expérience depuis plus d'une décennie, elle ne craint pas de nous livrer ce dont nous avons le plus besoin. Ce peut être un soutien réconfortant qui permet à notre cœur de guérir et de s'épanouir ; une impulsion puissante qui nous aide à trouver le courage de nous ouvrir aux autres alors que notre seul désir est de nous isoler ; l'opportunité de plonger dans le vide obscur ou de renouer avec nos racines et la stabilité. Certains la voient comme un moyen de renoncer à ce qui séduit les autres en nous afin de pouvoir vivre un renouveau ; ou d'accueillir une seconde floraison inattendue.

La division et la polarité ont aujourd'hui atteint un niveau record. Les dissociations sont si nombreuses que nous avons parfois le sentiment que tout accord est impossible. La rose nous révèle comment adoucir notre peine et qu'il est *sain* de lâcher prise ; elle nous montre comment nous renforcer à travers la douleur et ne pas nous isoler lors d'une séparation ; comment faire confiance aux saisons de la vie, nous enraciner et nous ouvrir, quelle que soit la situation. Plus que jamais, nous avons besoin de ses pouvoirs curatifs.

LA SAGESSE ANCESTRALE DE LA ROSE

La rose est beaucoup plus ancienne que nous. Elle a vu les civilisations naître et mourir et son savoir sur la façon de vivre en harmonie sur terre est bien supérieur au nôtre. Douce et majestueuse, forte et robuste, elle fait confiance à son *timing* et trouve toujours l'audace de bourgeonner, fleurir, fructifier et d'abandonner ses pétales au vent pour renaître sans avoir jamais cessé de vivre. Puissions-nous ouvrir nos cœurs à sa sagesse et nos oreilles à son chant. La rose possède en elle des enseignements profonds et une technologie programmée. Si nous prenons le temps de nous connecter à elle et de l'écouter, nous pouvons percevoir des secrets cachés et égarés au fil du temps.

Travailler avec elle (mais aussi d'autres plantes) permet de lever en nous d'anciens blocages. Parfois, les codes semés dans notre être et notre ascendance se délient alors que les souvenirs affluent et que nous renouons avec les plantes, les fleurs, les pierres et les arbres. Nous nous reconnectons à nos aïeuls qui étaient là avant notre séparation d'avec la Mère et sommes invités à nous enraciner différemment.

Nous vivons une époque entre mythes et histoire, mais si nous avons parfois le sentiment que tout s'effondre, l'opportunité de retisser ces liens demeure. Je pense sincèrement que la rose peut nous venir en aide. Qu'en travaillant avec elle et en accomplissant notre propre travail de guérison et d'intégration, nous pourrons tisser ensemble un nouvel avenir pour l'humanité.

L'ORACLE

Travailler *avec* L'Oracle de la rose

△

À PROPOS DE *L'ORACLE DE LA ROSE*

Au fil des âges, la beauté de la rose n'a jamais cessé d'émerveiller les mystiques, guérisseurs, herboristes, artistes, saints, poètes et visionnaires. Baptisée par Flore, la déesse romaine du printemps et des fleurs, elle est la reine de toutes les fleurs, vénérée depuis des millénaires pour ses qualités curatives médicinales et émotionnelles.

Si nous suivons le fil de la rose – symbole de beauté, d'amour et de mystère – à travers les mythes et les légendes, les textes et l'art, nous découvrons son lien avec les déesses et l'amour (humain et divin). Elle matérialise également les mystères du féminin sacré qui, après avoir été dissimulés à la vue de tous, ressurgissent une fois encore.

Dans cet oracle, je lui donne parfois le nom de Notre Mère la Rose. C'est ainsi que je nomme l'énergie à laquelle je me connecte lorsque je suis à son écoute. Si ce qualificatif ne résonne pas en vous, désignez-la par un nom qui vous parle. Même si je trouve chaque rose unique, c'est celui que je lui ai attribué.

Je vois en elle une alliée sacrée pour l'humanité. Son remède ressemble à la Déesse elle-même. Travailler avec elle peut nous aider à guérir nos cœurs, à faire confiance à notre véritable nature et à nous connecter plus profondément à la terre. Elle permet à notre âme d'être physiquement plus présente dans notre corps et sur terre, et nous guide pour retisser le fil coupé entre la terre, le ciel et l'humanité.

L'aptitude de la rose à nous ouvrir et à nous épanouir alors que nous rêvons de nous isoler, à nous soutenir avec force, ne ressemble au pouvoir d'aucune autre plante avec laquelle j'ai travaillé.

En créant cet oracle, mon intention est de vous fournir la possibilité de vous lier à son énergie curative, à sa sagesse mystérieuse et à sa beauté saisissante, passerelles vers la sagesse, la guérison, les murmures de la nature et de l'âme, et de vous laisser guider par elles. Au même titre que la nature, je l'estime accessible à tous. Vous n'avez pas besoin d'outils spécifiques – il vous suffit de faire une pause auprès d'une rose dans un jardin ou un parc de votre quartier. Si vous n'en trouvez pas, vous pouvez établir une connexion par le biais d'une photo ou d'une œuvre.

Comme toujours, mon intention est de vous connecter à cette intelligence intérieure, depuis votre âme jusqu'à la moindre de vos cellules, afin de vous permettre de développer une relation profonde. L'intelligence qui est en vous est aussi celle qui indique aux fleurs à quel moment fleurir, aux saisons quand se succéder et à la planète, de tourner. Elle révèle à la rose quand éclore en s'affranchissant des barrières protectrices de son bourgeon et libérer ses pétales sur la terre pour donner vie à l'églantier.

Katie Louise et moi-même nous sommes efforcées de créer un oracle accessible à tous et espérons que ses cartes parleront à votre âme. Nous respectons profondément tous les parcours dévotionnels et le droit humain au choix. *L'Oracle de la rose* est issu de nos expériences personnelles, mais si un mot, une phrase ou un symbole ne s'accordent pas à votre ressenti, emparez-vous de l'énergie qu'ils dissimulent et remplacez-les par les vôtres.

Nous ne prétendons pas offrir un oracle définitif sur la rose – ce serait impossible dans un ouvrage unique.

J'ai simplement puisé dans mes quêtes et mes guérisons en cours, dans les expériences de mon voyage créatif à ses côtés, ainsi que dans les études sur la médecine des plantes sacrées. Je sais que mon apprentissage se poursuivra jusqu'à mon dernier souffle.

Née en Australie avec une ascendance celtique (écossaise et irlandaise) et nordique, je vis maintenant à Glastonbury (également connue comme l'île mystique d'Avalon et lieu de vie du peuple celte des Dumnone) où je ressens un lien profond avec la terre de mes ancêtres ; c'est au Royaume-Uni que j'ai découvert mon attachement à la rose et aux plantes en général.

LE LIEN AVEC *L'ORACLE DE LA ROSE*

Si *L'Oracle de la rose* est né de mon expérience, il comprend également des informations sur les racines mystiques, curatives et botaniques de cette fleur ancestrale. Je tiens à noter que malgré mes études et mon travail personnel et structuré, je ne suis ni botaniste ni herboriste – je suis simplement un canal terrestre, une mystique, une écrivaine, une poétesse, une ritualiste et une créatrice passionnée par les fleurs et les plantes, plus précisément par la rose depuis que son murmure m'est parvenu pour la première fois.

Parce qu'elle est une fleur curative et mystique, vénérée dans de nombreuses cultures antiques, renouer avec elle (et les fleurs sauvages en particulier) nous permet de rétablir le lien avec les racines de notre propre ascendance et notre Mère la Terre. Souvent, nous recevons grâce à la rose les conseils et la sagesse de nos ancêtres et ressentons leur soutien. Son travail est subtil, mais puissant. Elle nous offre les remèdes dont nous avons le plus besoin. Et sans doute n'ont-ils jamais été aussi nécessaires qu'aujourd'hui, tant individuellement que collectivement.

Les concepts, le texte et les illustrations de *L'Oracle de la rose* sont issus de tissages cocréatifs profonds. Je vous recommande de prendre le temps de vous connecter à ses cartes – dont chacune est porteuse d'un message – et à son guide afin d'approfondir votre relation à l'oracle et aux pouvoirs curatifs de cette fleur miraculeuse.

La rose ancestrale est une passerelle vers l'intelligence présente dans nos cellules et dans notre âme. J'espère que ces cartes transmettront et activeront cette (re)connexion et vous aideront à vous souvenir de l'intelligence sacrée qui est en vous depuis toujours. Puissent-elles vous rencontrer là où vous êtes et vous soutenir, quelle que soit la saison de votre vie.

PRIÈRE À NOTRE MÈRE LA ROSE

Puissions-nous trouver le courage de marcher
sur le chemin éternel de la rose.

Puissions-nous remonter jusqu'à nos racines
pour un épanouissement durable.

Puissions-nous ouvrir pleinement nos cœurs.

Puissions-nous apaiser nos corps et nos esprits.

Puissions-nous guérir, puissions-nous
guérir, puissions-nous guérir.

Puissions-nous revenir à nous-
mêmes, à la terre et aux autres.

Puissions-nous nous souvenir de la roseraie qui
a été semée en nous et est appelée à fleurir.

Puissions-nous retomber dans ses bras.

Et quand l'heure viendra – nous la reconnaîtrons
– puissions-nous jeter nos pétales dans le vent,
pour avoir la chance de tout recommencer.

L'HARMONISATION DE *L'ORACLE DE LA ROSE*

Merci d'avoir répondu à l'appel de la rose. Dans cet oracle, vous trouverez une 45ᵉ carte : la **Carte de l'autel de l'harmonisation**.

Lorsque vous travaillez avec un nouvel oracle, je vous recommande d'accomplir un rituel afin d'approfondir votre connexion. Il existe de nombreuses façons de procéder et vous devez faire confiance à la vôtre. Si vous le souhaitez, vous pouvez utiliser la **Carte de l'autel de l'harmonisation** pour vous connecter à la fois à cet oracle et à Notre Mère la Rose.

Pour établir un lien plus puissant encore, j'ai également enregistré une version du rituel d'harmonisation de *L'Oracle de la rose* que vous pouvez vous procurer gratuitement sur www.theroseoracle.com.

L'HARMONISATION DE L'ORACLE DE LA ROSE

Notre Mère la Rose, vous qui existiez bien avant nous et continuerez à exister bien après notre départ, bénissez cet oracle et tous ceux qui l'utilisent.

Puisse-t-il être une passerelle pour nous aider à revenir à nous-mêmes, à la terre et aux autres. Qu'il renforce notre lien avec la voix de notre âme.

Que tous ceux qui l'effleurent se sentent chéris, soutenus, aimés, tolérés et visibles. Puisse-t-il apporter perspicacité, compréhension, compassion et conseils pour le bien-être de tous – les êtres passés, présents et futurs.

Lorsque j'accompagne une autre personne, aidez-moi à ne pas intervenir et à l'inviter à se connecter à la sagesse qui vit au plus profond d'elle-même.

Guidez-moi – ainsi que tous ceux qui utilisent cet oracle – afin que je puisse embrasser ma nature humaine en constante évolution et chaque saison de ma vie avec compassion, compréhension et grâce.

Montrez-nous comment nous enraciner plus profondément que jamais.

Je vous remercie, je vous remercie, je vous remercie.

△

LIRE LES CARTES

Le mot « oracle » vient du latin *orare*, qui signifie prier ou communier avec le divin. Je pense que le divin, le Dieu/la Déesse, existe en chacun de nous et dans la nature tout entière. À l'instar de mes autres ouvrages, *L'Oracle de la rose* est une porte ouverte sur notre sagesse intérieure.

Ces cartes sont conçues pour vous aider à établir un dialogue direct avec votre âme grâce à la rose. Si vous réalisez la lecture pour une autre personne, révélez-lui ce processus et guidez-la afin qu'elle les considère comme un outil pour se connecter à son âme et à sa véritable nature. Capables de nous unir à notre sagesse profonde, elles sont plus puissantes lorsque nous les considérons comme un miroir de notre savoir intérieur plutôt que comme de simples instruments pour prédire l'avenir. Travailler avec elles peut constituer une forme de pratique spirituelle.

Les cartes sont là pour vous fournir une structure et un espace sacré destinés à explorer les appels de l'âme (la vôtre ou celle de la personne pour laquelle vous effectuez la lecture). Nous vivons dans un monde de libre arbitre et personne d'autre que nous n'a autorité sur notre âme. Encourager les autres à faire confiance à leur pouvoir intérieur relève de la responsabilité éthique essentielle du lecteur.

Que vous effectuiez la lecture pour vous-même ou pour une autre personne, il importe que vous mettiez au préalable votre personnalité et votre détermination en retrait. Vous devez constituer un canal de transmission clair, tant au niveau du soutien que de la dévotion, vous détacher du résultat et ne pas faire part de votre opinion, de votre jugement ou de vos intérêts particuliers. Comme pour tout travail de guérison, plus vous prendrez conscience de votre propre démarche, plus votre lecture sera limpide, à la fois pour vous-même et les autres. Le lecteur doit permettre à celui pour lequel il réalise la lecture d'établir un lien direct avec son âme plutôt que de s'en remettre à lui pour le guider.

Je vous encourage à utiliser une méthode qui favorise votre bien-être. Beaucoup d'entre vous ont déjà recours à leur propre méthode ; d'autres sont novices. Vous trouverez ci-dessous quelques exemples pour travailler avec les cartes de *L'Oracle de la rose*, mais sachez qu'il importe de toujours privilégier votre voix intérieure.

ÉTAPE 1

Ouvrir l'espace de l'âme et utiliser la rose comme passerelle

Avant de commencer une lecture, vous devez quitter l'esprit linéaire pour entrer dans l'espace de l'âme. Pénétrer cette sphère ouvre à l'intelligence de la vie où tout est interconnecté et la rose est le portail qui permet d'y parvenir.

Imaginez qu'une rose resplendissante s'épanouit dans votre cœur. Respirez profondément et regardez-la s'ouvrir, pétale après pétale, révélant en son centre une lumière éclatante. Il s'agit de votre âme, de votre moi ancestral prêt à vous guider à chaque instant, chaque jour, de cette partie de vous-même connectée à l'intelligence de la vie et à la nature elle-même. Récitez l'invocation suivante à voix haute ou basse:

Notre Mère la Rose, bénissez ces cartes
et exprimez-vous à travers elles.

Révélez-moi/nous <insérer le nom>
ce qu'il importe de retenir et de connaître.

Merci, mille fois merci.

ÉTAPE 2

Mélanger et se connecter

Mélangez les cartes. Ressentez votre question/prière ou concentrez-vous sur la situation qui requiert un conseil. J'aime tenir cette question/prière au centre de mon cœur et imaginer qu'elle se diffuse autour de moi, permettant de me connecter à l'impulsion intelligente en toutes choses.

ÉTAPE 3

Séparer et étaler

Séparez les cartes en trois piles, puis rassemblez-les en une seule (l'ordre importe peu). Étalez-les ensuite devant vous. Vous êtes maintenant prêt à commencer votre lecture.

ÉTAPE 4

Sélectionner les cartes

Laissez-vous guider et choisissez les cartes qui vous appellent ; tirez leur nombre approprié pour le tirage choisi (Voir « Les tirages de *L'Oracle de la rose* » aux pages 63 à 69), puis placez-les devant vous, face cachée, selon la disposition suggérée. Mettez les autres de côté, puis retournez celles que vous avez sélectionnées.

ÉTAPE 5

Écouter les cartes

Commencez votre lecture (dans « Les tirages de l'Oracle de la rose » aux pages 63 à 69, vous trouverez l'inspiration pour la structurer). Recherchez la signification de chaque carte dans le chapitre « Les cartes : messages et interprétations » de la page 71 à 159.

CONCRÉTISER LES CONSEILS PAR UNE ACTION

Si vous connaissez mon travail, vous savez que je crois profondément à la concrétisation de nos murmures et conseils en actions. À la fin de chaque interprétation, vous trouverez des instructions pour vous aider à les matérialiser.

- **La question de l'âme®** Elle permet aux murmures de votre âme d'être entendus, formulés et révélés. Exprimez-la à voix haute, notez-la dans un journal ou méditez sur elle de manière intuitive.

- **Le message de la rose** Cette affirmation enflamme l'énergie curative et les règles de sagesse de la rose. Aucun courant sonore n'est plus puissant que votre propre voix ; tenez la carte sur votre cœur et lisez cette phrase à voix haute ou basse. Je vous recommande de la répéter trois fois.

△

LE COFFRET : UN AUTEL PORTATIF

Le travail avec un autel repose au cœur de ma pratique depuis deux décennies et je consacre du temps et du soin à la conception de mes coffrets. Celui de *L'Oracle de la rose* est destiné à vous offrir plus qu'un simple support pour vos cartes.

Lorsque vous soulevez son couvercle, deux triangles apparaissent. Comme la rose, le triangle est un ancien symbole mystique aux nombreuses significations, dont l'une est le lien entre le ciel et la terre. Une autre raison pour laquelle j'ai choisi le triangle équilatéral est qu'il se renforce sans cesse, quelle que soit la pression, car il puise sa force au plus profond de lui-même. Puissions-nous trouver notre propre méthode pour nous renforcer nous aussi.

Le coffret de *L'Oracle de la rose* est destiné à une utilisation interactive au cours de vos lectures et à parfaire la beauté de votre autel. Il suffit de retourner le couvercle et de poser la/les carte(s) sélectionnée(s) sur son support en forme de V ; dans le chapitre suivant, vous apprendrez à les disposer selon les différents tirages. Véritable outil technologique, l'oracle améliore ainsi l'expérience de la lecture, que vous la réalisiez pour vous-même ou pour une autre personne.

Une fois les cartes disposées sur sa base triangulaire, le coffret peut devenir une œuvre. Je vous recommande également de l'utiliser comme autel pour votre carte du jour ou de la semaine.

LES TIRAGES DE *L'ORACLE DE LA ROSE*

L'Oracle de la rose a été conçu pour que vous soyez à l'écoute de votre ressenti – privilégiez toujours l'autorité de votre âme sur tout avis extérieur, y compris le mien. Si un tirage est plus parlant pour vous qu'un autre, écoutez votre intuition et pratiquez-le en toute confiance.

Vous trouverez au fil des pages suivantes une variété de tirages créés spécifiquement pour *L'Oracle de la rose*. Vous pouvez bien sûr également les utiliser avec un autre oracle.

NOTRE MÈRE LA ROSE

Tirage à une carte

Ce tirage simple à une carte est idéal dans le cadre d'une pratique quotidienne. Imaginez une rose au centre de votre cœur et murmurez la prière suivante :

Je vous implore, Notre Mère la Rose,
de me révéler ce qui se déroule dans ma vie
et dont je devrais être conscient aujourd'hui.

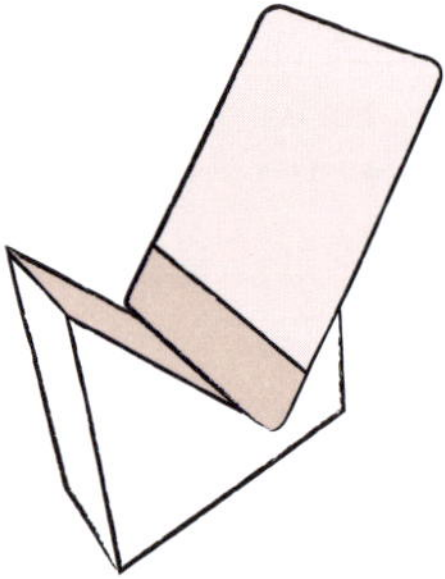

LA ROSERAIE

Tirage à deux cartes

Cette lecture rapide et merveilleuse offre une perspective sur un domaine spécifique de votre vie, une relation ou un projet en cours, l'aperçu d'un résultat potentiel, ainsi qu'une vision claire de votre situation actuelle.

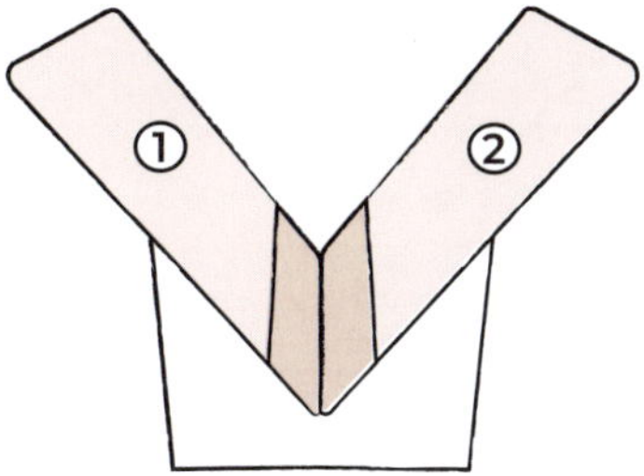

Position 1 : la graine – votre situation actuelle.

Position 2 : la future roseraie – le résultat.

SUB ROSA

Tirage à quatre cartes

Cette lecture convient si vous vous sentez paralysé dans un domaine de votre vie ou affrontez un problème que vous ignorez comment résoudre.

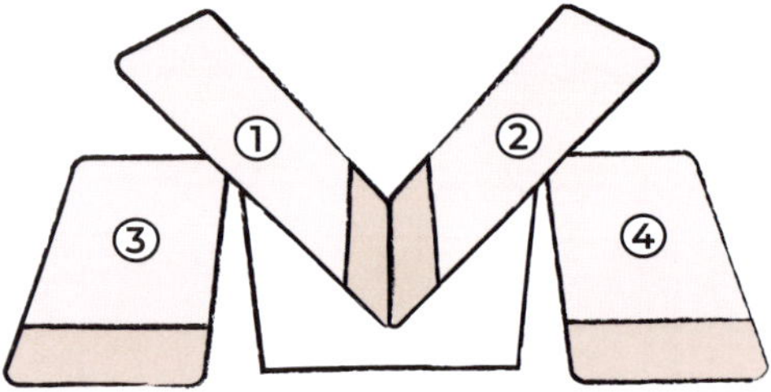

Position 1 : ce qui est connu.

Position 2 : ce qui est caché.

Position 3 : ce qui se déroule.

Position 4 : l'action à entreprendre.

L'ABANDON AUX SAISONS

Tirage à quatre cartes

Ce tirage permet de découvrir les thèmes potentiels pour les douze mois à venir. Vous pouvez l'utiliser pour une vision globale ou vous concentrer sur un domaine spécifique.

Position 1 : les trois prochains mois.

Position 2 : les six prochains mois.

Position 3 : les neuf prochains mois.

Position 4 : les douze prochains mois.

LA ROSE, LE BOURGEON, L'ÉPINE, LA GRAINE ET LA RACINE

Tirage à cinq cartes

Dans ce tirage, l'intelligence de la nature révèle la situation dans son ensemble, ainsi que tout ce qui peut se révéler pratique et utile le long de votre route. Il est idéal si vous avez du temps, désirez entreprendre une immersion profonde et prendre des mesures concrètes !

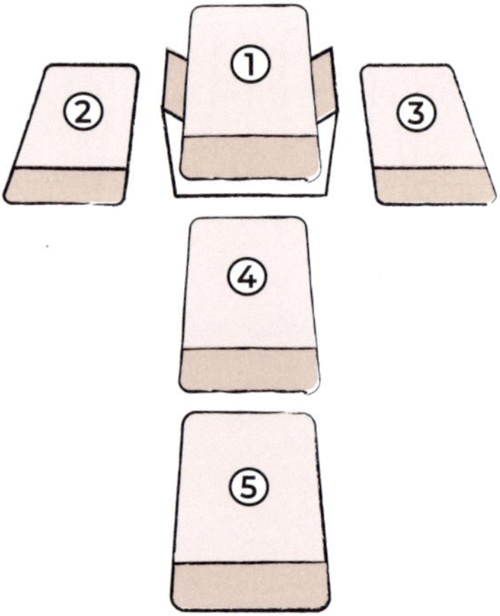

Position 1 : rose – ce qui fleurit. Le résultat potentiel.

Position 2 : bourgeon – les promesses. Le moment présent.

Position 3 : épine – ce qui doit être surmonté. Le défi.

Position 4 : graine – ce qui nécessite d'être nourri.

Position 5 : racine – l'action concrète.

LES CARTES

Messages et interprétations

L'ABANDON AUX SAISONS

Acceptation du changement. Cycles de vie.
Transition. Croissance.

Parce que nous avons été déconnectés de la terre et de ses saisons, nous pensons être en pleine floraison tout au long de l'année. Nous pensons grandir sans que rien, jamais, ne puisse mettre un terme à ce processus. Mais en nous concentrant sur une floraison éternelle, nous oublions l'importance de chaque phase de la vie.

La rose, comme toute chose dans la nature, nous l'enseigne au quotidien. Elle nous révèle comment embrasser les saisons dans un monde en constante évolution. Nous ne sommes pas censés rester les mêmes. Les relations ne sont pas censées rester les mêmes. La vie n'est pas censée rester la même. Rien sur cette planète n'est destiné à rester inchangé. Les saisons nous l'enseignent. La nuit et le jour nous l'enseignent. Le temps et l'âge nous l'enseignent. La naissance et la mort nous l'enseignent. Nous pouvons retrouver un lieu, une personne sans que rien ne soit comme avant car tout, et tout le monde, évolue sans cesse. Rien n'est jamais statique.

Plus vous tentez de contrôler et de conserver les choses telles qu'elles sont, plus vous vous éloignez du flux de la vie et de vous-même. Le changement peut être pour vous une source d'angoisse, car il implique de vous abandonner à l'inconnu situé dans l'entre-deux. De ne plus être celui que vous étiez et pas tout à fait encore celui que vous allez devenir. Cela nécessite une grande confiance dans le processus transformateur, dans la mort aussi, pour que la renaissance se produise, et un profond respect pour toutes les saisons de votre vie.

Plus vous résistez au changement, plus vous vous éloignez de celui que vous allez devenir. Lorsque vous embrassez la transformation, vous embrassez la vie et la nature et êtes toujours en devenir.

LA QUESTION DE L'ÂME

Comment embrasser les saisons changeantes de votre existence ?

APRÈS LA PLUIE

Positivité. Soulagement. Espoir.
Compassion. Fin. Acceptation.

Quelque chose de spécial et de sacré survient toujours après la pluie. L'atmosphère a libéré son contenu et en conséquence, la terre est purifiée, reconstituée et nourrie. Un sentiment similaire nous submerge lorsque nous pleurons. L'eau curative et salée des larmes active l'ocytocine et les endorphines et modifie le ressenti. Ce qui nous accablait et semblait impossible devient envisageable. Et même si nous n'en avons pas conscience, un développement notable se profile.

Cette carte incarne l'espoir, la guérison, les débuts et les fins. Vos émotions s'apaisent. Si votre cœur est brisé, la guérison est en cours. Le temps des épreuves est révolu. L'heure est au soulagement. Vous ressentez la compassion. Une bonne nouvelle se profile à l'horizon. Ce qui constituait un défi, une difficulté s'est allégé ou est sur le point de s'alléger.

Si vous avez traversé une période tourmentée, soyez rassuré. Votre situation va s'améliorer. Vous avez connu le pire et aujourd'hui, l'espoir renaît. Ces derniers jours, mois ou années n'ont pas été faciles. Ils vous ont probablement demandé de puiser des forces au plus profond de vous-même et d'endurer des épreuves mais devant vous, la mer se calme. Ce que vous avez appris et la manière dont vous avez grandi ne vous seront jamais ôtés. Il est temps de savourer la douceur des bénédictions que la vie vous réserve. De nouveaux départs glorieux sont désormais possibles.

LA QUESTION DE L'ÂME

Qu'êtes-vous prêt à libérer ?

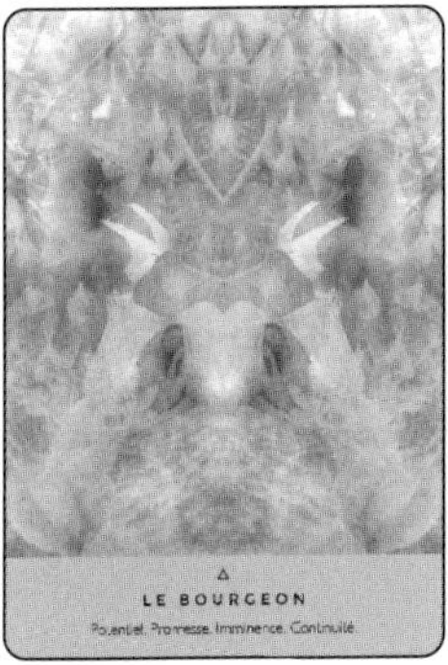

△

LE BOURGEON

Potentiel. Promesse. Imminence. Continuité.

Un bourgeon est une excroissance embryonnaire sur la tige de la rose, porteuse du potentiel pour se transformer en fleur, feuille ou pousse. Sous les climats tempérés, les plantes créent des bourgeons en dormance capables de résister au gel.

Il est la promesse de ce qui est à venir, la manifestation physique des graines profondément enracinées que nous nourrissons et dont nous rêvons pendant le vide fertile de l'hiver. Aujourd'hui, vous entrez dans le printemps et le bourgeon commence à accomplir sa destinée. Mais vous devez encore l'entretenir pour qu'il fleurisse.

Cette carte d'encouragement, de potentiel, de stimulation et d'espoir vous invite à toujours affronter votre nord et à révéler ce que vous êtes appelé à créer. Votre effort n'est pas passé inaperçu. Continuez – un jour prochain, vous commencerez à discerner cette merveilleuse création dans le monde.

Le bourgeon est lié au printemps, ce moment où l'énergie ascendante de la vie éclate. Vous en discernez peut-être les premiers signes. Si vous avez travaillé sur un projet ou vous êtes consacré à apporter des changements dans votre vie, vous êtes invité aujourd'hui à poursuivre votre tâche et à croire qu'elle sera récompensée. Continuez à entretenir votre jardin et bientôt, le bourgeon s'épanouira et fleurira.

LA QUESTION DE L'ÂME

Quels nouveaux bourgeons s'invitent à fleurir en vous ?

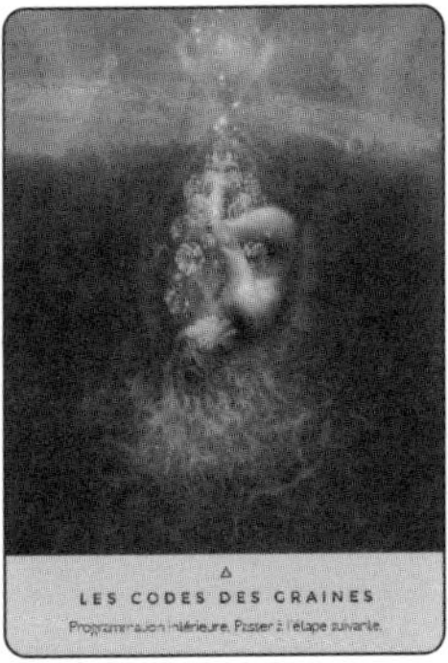

△

LES CODES DES GRAINES

Programmation intérieure. Passer à l'étape suivante.

Les graines savent précisément ce qu'elles doivent faire ; elles possèdent en elles le potentiel de forêts entières et de roseraies, un timing éclairé lié à l'intelligence cosmique. Nous sommes tous des graines, celles des futurs forêts et jardins qui attendent patiemment d'éclore. Nous détenons tous les codes d'une nouvelle humanité. L'évolution est notre état naturel.

Les graines doivent être enfouies dans l'obscurité avant de pouvoir s'épanouir dans la lumière. Mais elles ne peuvent s'épanouir sans embrasser le vide fertile du sol hivernal. Elles ne peuvent fleurir sans s'affranchir des barrières protectrices du bourgeon. Elles ne peuvent porter de fruits sans libérer leur beauté sur la terre et se défaire de ce qui, précisément, séduisait en elles.

Cette carte signifie que vous possédez tout ce dont vous avez besoin pour accomplir ce que vous êtes appelé à créer, vous mouvoir au travers de ce que la vie vous offre et vous frayer un chemin sur tous les types de terrain. Vous avez toujours été programmé pour le faire. Ayez confiance. Vous détenez les codes de la roseraie la plus glorieuse qui attend de bourgeonner et de fleurir. Faites confiance à ces codes. Souvenez-vous de cette programmation.

Il ne vous reste plus qu'à passer à l'étape suivante. Puis demain, à la suivante encore. Si vous faites un nouveau pas chaque jour, vous regarderez bientôt en arrière et découvrirez autour de vous la roseraie la plus éclatante. La fructification suivra. Franchissez aujourd'hui le cap. Vous savez comment faire. Le logiciel est encodé en vous.

LA QUESTION DE L'ÂME

Qu'est-ce que votre âme vous appelle à accomplir ?
Quel peut être votre premier pas ?

△

LE CONSACRÉ

Répondre à l'appel. Leadership.
Responsabilisation. Dons de l'âme.

Au fil des âges, les initiés et les têtes couronnées ont été oints d'huile de rose. Cette carte vous signifie que vous pouvez accomplir ce que vous êtes venu incarner et accomplir sur terre. Elle vous invite à progresser dans votre royaume intérieur. À répondre au grand appel de votre âme et à affronter votre nord véritable. À semer plus que ce que vous êtes venu partager. À reconnaître votre présence comme l'engagement de votre vie. À vous affranchir des bruits extérieurs qui vous ont peut-être empêché d'être ce que vous personnifiiez déjà et à découvrir que vous travaillez à y parvenir depuis longtemps, peut-être même une vie entière.

Peu de gens ont le courage de suivre la voie que leur âme a choisie. Vous êtes ici pour l'emprunter. Vous êtes guidé. Votre âme est ancestrale et à chaque étape, à chacune de vos incarnations, vous avez réuni une myriade d'aptitudes prêtes à être révélées et partagées.

Vous êtes appelé à faire confiance à cet appel. À diriger. Personne n'a parcouru comme vous la voie que vous êtes invité à tracer. Et, à l'instar des anciens initiés, guérisseurs, visionnaires, créateurs et leaders, vous êtes un fil magnifique dans la tapisserie de la vie. Suivez votre propre chemin, faites confiance à celui qui s'ouvre à vous et écoutez toujours votre guide intérieur.

LA QUESTION DE L'ÂME

Comment avancer et diriger ?

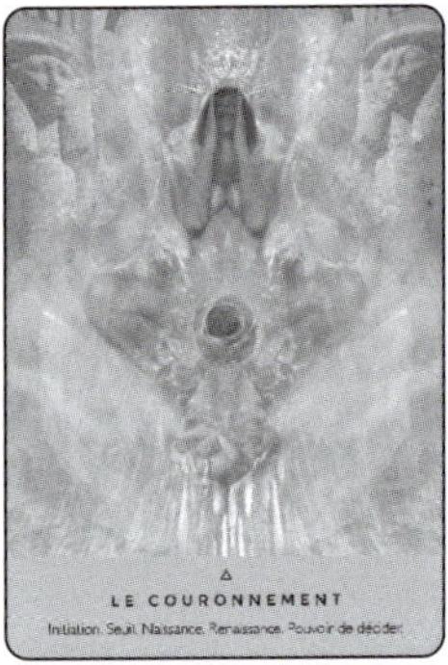

LE COURONNEMENT

Initiation. Seuil. Naissance. Renaissance.
Pouvoir de décider.

Vient le moment où la fleur sait devoir dépasser la barrière protectrice du bourgeon, faire confiance à l'énergie naissante et s'abandonner à l'inconnu de la floraison. La même énergie existe partout dans la nature et lors de la naissance, à la fois physique et métaphorique.

Cette initiation, à la fois pour la mère et l'enfant, permet de passer du monde aquatique de l'utérus à un nouvel univers sur terre.

Cette carte symbolise le franchissement des portes de l'initiation qui réclame à la fois confiance et courage. Loin d'être toujours aisé, le chemin peut être chaotique. Au fur et à mesure que vous passez d'un état à un autre, vous êtes appelé à dépasser les retenues de la graine, puis la certitude du bourgeon afin que la nouveauté éclose de l'intérieur.

Nous enfantons toujours quelque chose et savons au plus profond de nous-mêmes que la seule façon de consentir à cette initiation est de nous abandonner à notre pouvoir inné intérieur. Ce pouvoir est également lié à l'intelligence de toute vie. L'énergie qui dit aux fleurs quand fleurir existait déjà lorsque vous grandissiez dans le ventre de votre mère. Soyez certain qu'elle vous accompagnera toujours. Abandonnez-vous à ce qui rêve de naître à travers vous. La vie cherchera toujours à vous initier davantage à votre moi véritable.

LA QUESTION DE L'ÂME

Comment la vie tente-t-elle de vous initier ?

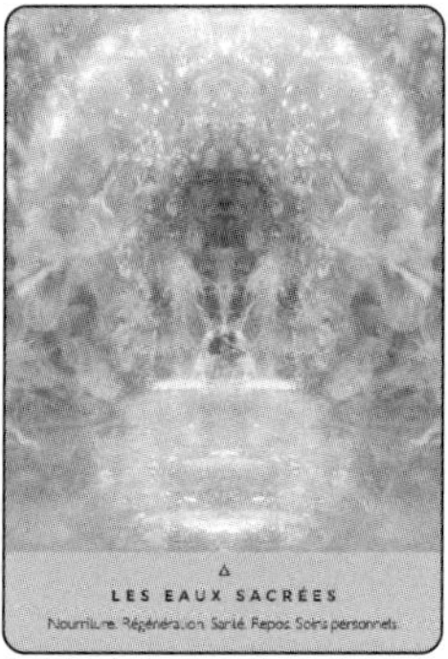

△

LES EAUX SACRÉES

Nourriture. Régénération. Santé.
Repos. Soins personnels.

Les eaux sacrées sont notre Mère à tous. Leur flux curatif nous régénère et nous offre la vie. Notre Mère fait partie de nous. Comme la rose, nous avons besoin d'elle pour survivre et prospérer.

Vous devez vous enraciner profondément pour recevoir la nourriture dont vous avez besoin. Pour apprécier, protéger et honorer ce que vous tenez pour acquis. La Mère des eaux sacrées vous invite à temporiser et à prendre soin de vous, en particulier de votre corps, afin de prioriser votre bien-être et de vivre de manière durable. Elle vous rappelle la nécessité de vous ressourcer, de vous enrichir et de toujours veiller sur votre santé, pas uniquement lorsque vous percevez un déséquilibre.

La Mère des eaux sacrées vous convie à vous nourrir et à vous reconstituer avant de vous épuiser, vous fait savoir que rien n'importe plus dans votre vie que le soin apporté à votre vaisseau sacré, votre corps, dont la terre est une extension. Elle veut que vous vous traitiez avec bienveillance. Que vous chérissiez votre corps et le sien. Que vous emplissiez votre puits jusqu'à ce qu'il déborde et qu'alors, vous trouviez un moyen de donner à votre tour depuis de ce lieu d'abondance. Que vous offriez à votre corps ce qu'il attend avant que son désir ne se transforme en un besoin urgent.

LA QUESTION DE L'ÂME

Que désire ardemment votre corps ?

△

L'ENFANT INTÉRIEUR

Mère intérieure. Innocence. Douceur. Tendresse.

Nous pouvons être durs avec nous-mêmes, lorsque nous espérons guérir selon un timing précis et nous flagellons lorsque nous commettons une erreur. La rose vous appelle ici à libérer votre corps de tout inconfort et vos cellules de toute blessure, à trouver un moyen de vous apaiser et de vous souvenir que, quel que soit le passé, le présent ou l'avenir, vous êtes l'enfant innocent des étoiles et de la Terre. Cette fleur vous est destinée. Elle vous offre un lieu sûr et doux dont vous devez vous souvenir et vous invite à nourrir votre enfant intérieur.

Cette carte de réconfort et de compassion délivre un message de tendre compréhension et de bienveillance. Elle vous convie à vous traiter comme l'enfant innocent que vous n'avez jamais cessé d'être, à le prendre dans vos bras et à le déposer sur les doux pétales de votre cœur pour un repos profond.

Nous avons tous un enfant en nous qui, un jour, s'est exilé parce qu'il a été blessé ou que le monde lui semblait incertain. Si une fois devenu adulte, vous êtes blessé ou attaqué, il est normal que vous régressiez dans l'enfance et vous sentiez submergé par l'émotion d'origine. Même si vous ne pouvez pas modifier le passé, vous pouvez accueillir cet enfant qui est en vous et le déposer sur les doux pétales de la rose de votre cœur.

LA QUESTION DE L'ÂME

Comment soigner avec tendresse l'enfant qui est en vous ?

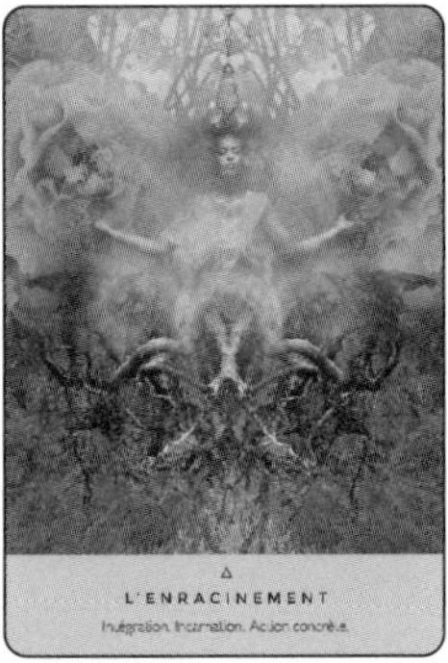

△

L'ENRACINEMENT

Intégration. Incarnation. Action concrète.

Invitez votre âme en vous-même. Dans votre corps tout entier. Incarnez pleinement votre vie. Abattez vos murs défensifs. Laissez votre âme imprégner chacune de vos cellules. Ancrez chaque partie de vous-même, ici et maintenant. La vie est présente, y compris dans la mort. Sinon, toute naissance devient impossible. Vous êtes venu sur terre pour ressusciter le monde. Vous en souvenez-vous? Engagez-vous à vivre pleinement cette vie.

Cette carte symbolise celui qui se consacre à faire le lien entre le ciel et la terre. Le mystique consacré qui sait ne pas avoir besoin de condamner le ciel ou la terre – car il est un tisserand des mondes dont la mission est de donner chaque jour davantage corps à son âme afin de réintégrer le sacré dans le quotidien.

Vous êtes invité à vous engager sans réserve dans votre existence en tant qu'esprit vivant une expérience humaine. À convier votre âme à s'enraciner profondément pour que vous puissiez grandir. À vous investir à la fois dans votre humanité et votre croissance.

La rose vous appelle à embrasser chaque étape de la vie sur la terre. Des bourgeons à la floraison, de la taille au fruit. Sa beauté et son délicat parfum sont une parfaite incarnation du paradis. Une récompense embaumante. Elle vous rappelle de prendre le temps de savourer dûment la douceur et que le paradis peut exister sur terre.

LA QUESTION DE L'ÂME

Comment vous engager davantage dans votre vie ?

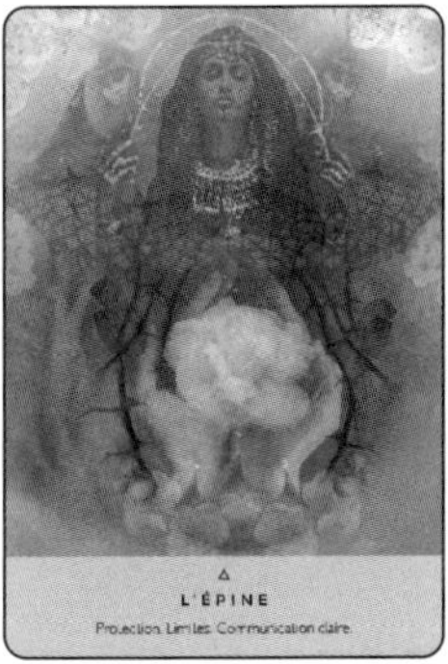

△

L'ÉPINE

Protection. Limites. Communication claire.

La rose est la reine de toutes les fleurs. La beauté de sa floraison délicate et parfumée nous ravit de près et de loin. Elle est un pont entre le ciel et la terre, une porte ouverte sur notre moi véritable, et appelle notre âme à s'inscrire plus pleinement dans notre espace corporel. Elle nous laisse émerveillés et nous permet de découvrir le paradis sur terre pour un moment précieux.

Mais la rose n'est pas que bienveillance et douceur. La plupart sont armées d'épines de diverses formes et tailles. Ces protections acérées agissent tels des chevaliers défendant leur reine, fixant clairement les limites et les conditions nécessaires pour lui permettre d'accomplir ce pour quoi elle est née.

Nous sommes semblables à la rose. Trop souvent, nous ignorons l'importance d'une communication intelligible et des limites aimantes au sein de nos relations. Or, si nous ne définissons pas clairement nos besoins – que nous ne les communiquons pas, n'en assumons pas la responsabilité –, les autres ne pourront jamais les satisfaire. Ce comportement se traduit souvent par une rupture relationnelle.

Communiquer vos désirs et établir vos limites permet non seulement de vous sentir en sécurité, mais rassure également ceux qui partagent votre relation. Cette carte souligne l'importance d'exprimer distinctement vos besoins, vos limites et votre prise de responsabilité. Mais pour être clair avec les autres, vous devez tout d'abord l'être avec vous-même. Vous communiquerez ensuite cette clarté à vos proches et au monde.

LA QUESTION DE L'ÂME

Quelles limites aimantes êtes-vous appelé à établir ?
Comment communiquer clairement avec vos relations ?

△

LE FIL DE LA ROSE

Appel intérieur. Mysticisme.
Courage. Guide spirituel.

Cette carte symbolise le mystique. Celui qui est en contact avec les profondeurs du monde intérieur, son tissage interne et au-delà, bien au-delà. Celui qui perçoit ses voix intérieures mystérieuses, écoute son intuition et vit en accord avec elles, guidé par le fil de la rose.

Suivre ce fil revient à emprunter le chemin de la rose. À servir l'humanité et se vouer à l'écriture d'une nouvelle histoire. Cela demande foi et courage, mais aussi le désir de tracer une nouvelle voie.

La rose incarne le mystère depuis des millénaires. Son fil est le chemin invisible suivi par le mystique. L'embrasser avec foi demande du courage, car il diffère pour chacun de nous. C'est pourquoi faire confiance à l'appel intérieur réclame de l'audace. Et ceux qui le font se voient grandement récompenser.

Cette carte vous invite à suivre ce chemin initiatique, guidé par le fil qui se déroule au plus profond de votre être. Peut-être constaterez-vous que vous vous trouvez dans un lieu de grande transformation où vous êtes convié à accorder votre confiance et à rassembler le courage nécessaire pour passer à l'étape supérieure. Cette carte reconnaît votre vaillance – vous acceptez que votre âme guide votre vie – et vous honore d'oser faire le grand saut.

LE MESSAGE DE LA ROSE

Même lorsque les choses paraissent floues – surtout quand elles le sont –, je sais que ma voix intérieure me guidera toujours.

△

LA FLORAISON

Réalisation des créations.
Justesse de l'instant. Récolte. Célébration.

Cette carte indique que vous allez être récompensé pour vos créations. Vos rêves se réalisent. Vous vous trouvez actuellement dans la phase de floraison de votre cycle de croissance ou êtes sur le point de l'atteindre.

La floraison incarne l'apothéose. Le soleil brille, l'abondance vous inonde et vous êtes à votre apogée. Les racines profondes de vos rêves se sont épanouies.

Vous fleurissez. Vous avez atteint vos objectifs. Vous êtes visible et présent dans le monde. La vie est audacieuse, énergique, positive et belle.

Cette carte vous appelle à embrasser et goûter cet instant. Célébrez vos créations. Jouissez de ce qui vous arrive. Délectez-vous. Imprégnez-vous de la beauté qui vous entoure. Savourez son nectar. Nourrissez-vous du doux parfum du monde physique. Profitez de la moisson. Marquez une pause et découvrez les roses de votre vie. La vie est cyclique et votre floraison ne sera pas toujours à son faîte. Votre travail au gré des saisons de votre existence vous a mené là où vous êtes aujourd'hui.

Ne tenez pas la floraison pour acquise. Savourez-la tant qu'elle s'accomplit. Mais n'essayez pas de la retenir trop longtemps. Laissez-la exprimer sa plénitude. Et quand viendra l'heure pour la rose de libérer ses pétales – vous saurez précisément quand –, libérez vous aussi les vôtres.

LE MESSAGE DE LA ROSE

J'ai laissé venir la floraison. Je résiste à l'envie de la retenir. Je célèbre ma création et profite pleinement de ce moment d'épanouissement.

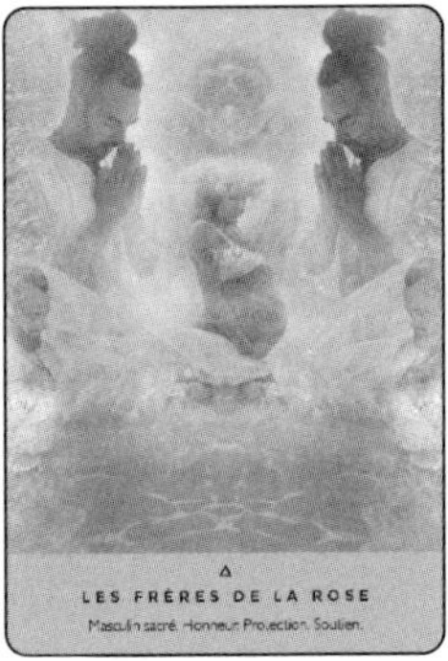

△

LES FRÈRES DE LA ROSE

Masculin sacré. Honneur. Protection. Soutien.

Cette carte est celle du masculin sacré qui, à l'instar du féminin sacré, existe en chacun de nous. Ensemble, nous sommes appelés à trouver l'équilibre entre ces deux énergies qui font partie de nous-mêmes. Le soleil et la lune. Les énergies solaire et lunaire. Peut-être signifie-t-elle donner naissance à un nouveau monde.

Le masculin sacré et mature est nécessaire. Il est cette facette de nous-mêmes qui vit dans l'honneur et le respect du féminin, reconnaît la Déesse en toute vie, y compris la terre, et s'engage à protéger et à vivre dans la dévotion du féminin. Le masculin sacré sait que lutter et dominer, subir et conquérir est vain. Il est à la fois fort, tendre et protecteur sans jamais être sur la défensive.

Cette carte peut signifier que vous devez travailler sur votre énergie masculine sacrée qui mûrit et s'accroît. Que vous êtes appelé à travailler sur la guérison ancestrale de la lignée paternelle, à invoquer ou à reconnaître le masculin sacré chez ceux qui vous entourent. Peut-être le représente-t-elle alors qu'il surgit dans votre vie.

Cette essence même de l'homme existe en chacun de vous, vous enveloppe afin que vous puissiez accomplir votre travail sacré et participiez ainsi au retour de la Déesse sur terre. La rose est son emblème et elle la porte fièrement sur son cœur.

LA QUESTION DE L'ÂME

Comment travailler avec le masculin sacré ?

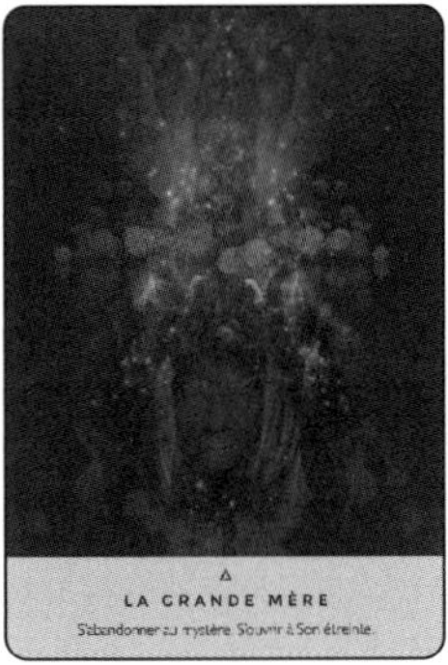

△

LA GRANDE MÈRE

S'abandonner au mystère. S'ouvrir à son étreinte.

La Grande Mère vous a assisté lors de votre premier souffle et sera présente lors du dernier. Elle connaît la complexité de la vie sur terre. Elle sait que l'être humain affronte la douleur, la solitude, se sent parfois désarçonné, et que la polarité et la séparation peuvent être difficiles lorsque l'âme se souvient de l'unité de la Source, mais aussi incroyablement glorieuses et douces.

Nous considérons souvent les choses comme bonnes ou mauvaises: lorsque tout va bien, nous faisons en sorte d'exprimer cette harmonie ; et si tout va mal, alors peut-être avons-nous mal agi ou quelque chose à réparer. Nous avons oublié que vivre sur terre n'implique pas de tels comportements. La polarité est au cœur de l'expérience terrestre. Et c'est à travers les extrêmes que nous grandissons le plus. Nous ne sommes pas censés éviter la nuit, l'ombre et l'hiver.

Cette vie ne représente qu'un souffle dans votre expérience inextinguible de l'âme. Confiez vos soucis, vos blessures, vos chagrins, vos peurs et vos doutes à la Grande Mère. Déposez-les sur son autel. Retrouvez la stabilité de son sol. Tombez dans ses bras. Abandonnez-vous au grand mystère du monde.

N'oubliez pas que si les extrêmes sont difficiles, ils peuvent aussi se révéler magiques. La joie effrénée est plus proche du chagrin que vous l'imaginez. Et plus le pendule de votre vie oscille, plus vous pouvez vous dire : « J'ai vécu. »

LE MESSAGE DE LA ROSE

Je suis prêt à embrasser les extrêmes de ma vie. Je dépose tout ce que je porte sur l'autel de la Grande Mère et m'abandonne à son étreinte.

△

LES GRANDS-MÈRES

Rappel de ses racines. Perspective.
Confiance dans la trame du monde.

La rose existait bien avant vous et moi et bien avant l'humanité elle-même. Elle détient en elle les souvenirs des civilisations passées, des racines millénaires, les codes de la création et les chants des Grands-Mères de la Terre. Pouvez-vous les entendre?

Dans un tirage, cette carte vous invite à revenir en arrière afin de progresser et d'atteindre vos racines profondes pour mieux vous envoler. Les grands-mères ancestrales vous convient à vous souvenir de la sagesse de vos aïeuls depuis les origines de l'humanité, bien avant que le colonialisme interdise tant de magnificences sacrées. Bien avant la montée et la chute d'empires et de civilisations entières.

Elles vous appellent à jouer votre rôle en cette période de guérison. À soulager et à intégrer l'héritage de votre lignée ancestrale. Cette invitation n'a rien de personnel ; vous êtes sur terre pour évoluer et guérir, vous reconnecter, remonter jusqu'à la Mère originelle et devenir l'ancêtre de ceux qui vous succéderont. Pour rester ancré et enraciné dans votre vie de façon à vous sentir toujours chez vous, quelle que soit l'instabilité de la route.

LE MESSAGE DE LA ROSE

Je reviens à mes racines pour avancer.
Je fais appel à la force sacrée et au soutien
de mes ancêtres qui n'ont rien oublié,
pour qu'ils se tiennent à mes côtés aujourd'hui.
Je reconnais les difficultés et ce qui doit être guéri.
Je le fais pour tous ceux qui nous succéderont.

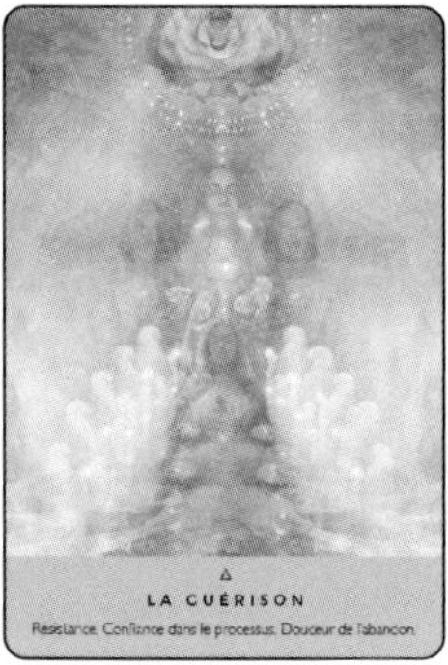

△

LA GUÉRISON

Résistance. Confiance dans le processus.
Douceur de l'abandon.

Vous n'êtes pas souffrant ; vous faites partie de la nature évolutive constante de la vie. Le changement est votre état naturel. La rose sait que vous n'êtes pas supposé rester toujours le même – avec une forme, une taille ou un comportement identiques – et ne l'avez jamais été. Vous n'êtes pas « ordinaire » et rien n'est plus normal. Chaque jour, vous incarnez davantage votre moi véritable.

La guérison se produit à chaque instant, chaque jour. Vous redevenez vous-même à chaque instant, chaque jour. Faites appel à vos « assistants » composés de toutes les personnes susceptibles de vous apporter un soutien et pouvant se fier à la grâce de votre état naturel. Un véritable guérisseur sait que ce n'est pas lui qui guérit. Il a la vision du retour à la plénitude et la conscience que cette plénitude n'est pas statique.

Lorsque vous embrassez les émotions de l'existence – de l'extase à l'agonie, de la joie au chagrin, de la floraison à la chute, du bourgeon à la rose –, vous remarquez que la guérison est en cours et la vie, votre alliée. Personne n'est à l'abri de la polarité de l'expérience humaine : le seul moyen de la traverser est d'en embrasser chaque facette. La lumière et l'ombre. Et comme le sait tout guérisseur ou initié, le seul chemin vers la lumière est d'accepter l'ombre qui est en nous. Cette ombre, parfois aussi la douleur, devient alors le portail vers la libération.

Vous n'êtes pas brisé. Vous guérissez. La guérison est en cours ; faites confiance au timing de la vie.

LE MESSAGE DE LA ROSE

La guérison est en cours.
La guérison est en cours.
La guérison est en cours.

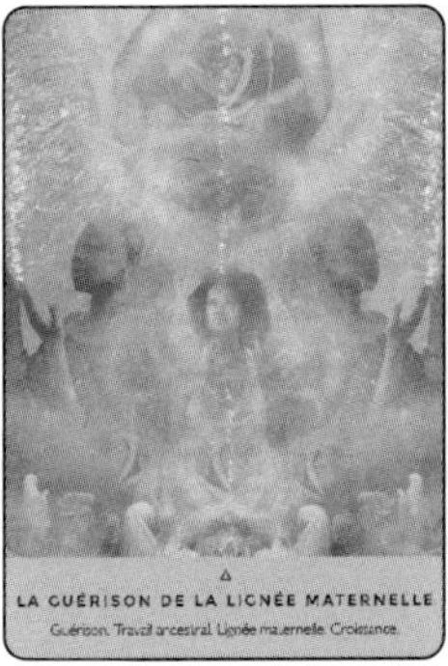

△

LA GUÉRISON DE LA LIGNÉE MATERNELLE

Guérison. Travail ancestral. Lignée maternelle. Croissance.

Nous vivons une époque de guérison complexe, en particulier pour la lignée maternelle. Collectivement, nous affrontons le traumatisme intergénérationnel induit par le colonialisme et le patriarcat. Tant de personnes sont nées de mères qui, elles-mêmes, n'avaient pas été maternées. Le temps est venu de réparer les maillons brisés de cette chaîne.

Tant de nos lignées ancestrales ont connu des persécutions brutales et se sont vues séparées du sacré féminin. Tant de personnes privées de l'étreinte inébranlable de la Grande Mère et appelées à vénérer un Dieu unique et masculin dans les cieux n'ont pas appris à déceler le sacré en toutes choses et le féminin dans ses étapes sacrées, puissantes et saintes. Ce mode de vie n'a que trop duré et nous sommes tous invités à le guérir au nom de notre lignée (passée et émergente).

La guérison est possible. Elle n'est ni simple ni évidente, mais possible. Vous pouvez la ressentir dans le passé et l'avenir – votre filiation passée et future chante avec vous. Il est temps de libérer vos mères de ce qu'elles n'ont pas été en mesure de vous offrir. De trouver un moyen de nourrir la Mère aimante qui est en vous. De vous traiter avec la révérence, l'adoration, la bienveillance et la compassion auxquelles vous aspirez depuis toujours. Vous pouvez être tout cela pour vous-même aujourd'hui. Vous pouvez vous rencontrer là où les autres ne le peuvent pas. Ainsi, votre lignée future vous bénira d'avoir trouvé le courage de vous libérer et de guérir en profondeur.

LE MESSAGE DE LA ROSE

Je remonte jusqu'à la Mère originelle et
libère toutes les mères et moi-même.

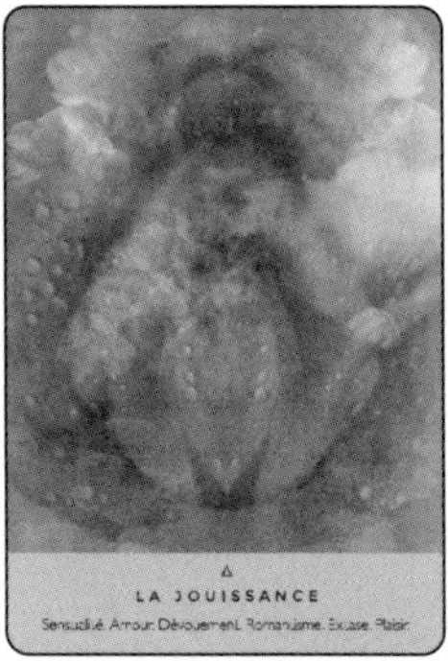

△

LA JOUISSANCE

Sensualité. Amour. Dévouement.
Romantisme. Extase. Plaisir.

Flore est l'ancienne déesse romaine du printemps et des fleurs. Dans l'un des mythes qui lui sont consacrés, elle est frappée par la flèche de Cupidon et invoque Éros alors que l'amour et l'extase la submergent. Mais seul le son « ros » franchit ses lèvres. Dès lors, « Rose » devint l'autre nom pour Éros, ainsi que le symbole de l'amour, de la beauté et de la passion. Vous trouverez page 32 une autre version du récit de Flore donnant son nom à la rose.

De nombreuses religions patriarcales ont entouré la sensualité, le sexe, le plaisir, l'extase, le ravissement et la sexualité d'une connotation honteuse. L'une des facettes les plus naturelles et jouissives de la vie est devenue soumise à conditions et jugée. La rose vous invite ici à vous libérer de cette malédiction et à vous souvenir que le plaisir, la sensualité, l'orientation sexuelle et l'expression du désir comptent parmi les bienfaits les plus sacrés et miraculeux de la vie.

Cette carte vous appelle à recevoir et à donner de l'amour et du plaisir. Flore veut vous faire entendre que votre sensualité, votre passion et votre sexualité (quelle qu'elle soit) sont saintes et sacrées. Elle veut que vous vous connectiez à votre nature sensuelle et célébriez chez tous cette bénédiction.

LE MESSAGE DE LA ROSE

Ma sensualité est sainte et sacrée. La sensualité d'autrui est sainte et sacrée. Je m'ouvre pour exprimer et recevoir l'amour dans le bien-être et la sérénité. Je me libère de toute planification et expérience douloureuse et reviens à l'amour.

LA LIBÉRATION DES PÉTALES

Transformation. Mort et renaissance.
Perte. Tous les changements.

Arrive l'instant où tout retour en arrière devient impossible. Lors d'un moment éphémère, la route qui vous a mené ici semble soudain condamnée. Savoir que rien ne sera plus jamais semblable est terriblement pesant. Qu'il s'agisse d'un décès, d'une naissance, d'une perte, d'un développement, d'une fin ou d'une découverte. Peu importe vos efforts, les choses ont changé. Vous êtes différent. Le monde est différent. Ce qui a été vu ne pourra plus être invisible. Tout espoir de retour est banni. Quelque chose de nouveau vous appelle.

Symbole du changement et de la transformation, cette carte vous invite à faire preuve de courage pour ouvrir la porte au renouveau. L'abscission est la séparation naturelle de diverses parties d'un organisme – lorsque la plante, par exemple, se sépare d'une feuille, d'une fleur, d'un fruit ou d'une graine. La rose, tel le phénix, sait que nous devons rendre à la terre ce qui lui appartient pour connaître un jour une renaissance.

Vous pouvez saisir les pétales du passé alors que soufflent les vents changeants. Mais à terme, vous découvrirez que la mutation est proche ; qu'elle s'est déjà produite. Et que même si ce qui était autrefois n'est plus et que ce qui sera bientôt n'existe pas encore, le moment est venu de libérer vos pétales dans le vent afin de pouvoir vivre un renouveau. D'offrir au vent ce qui existait autrefois et de le laisser nourrir les graines qui sont en vous.

L'heure de la libération a sonné pour que la transformation se réalise. Si la rose n'avait pas libéré ses pétales, l'églantier n'aurait jamais vu le jour. Si vous trouvez le courage de libérer ce qui existait, vous serez accueilli par les fruits du futur.

LA QUESTION DE L'ÂME

À quoi vous accrochez-vous par crainte que rien ne le remplace ?

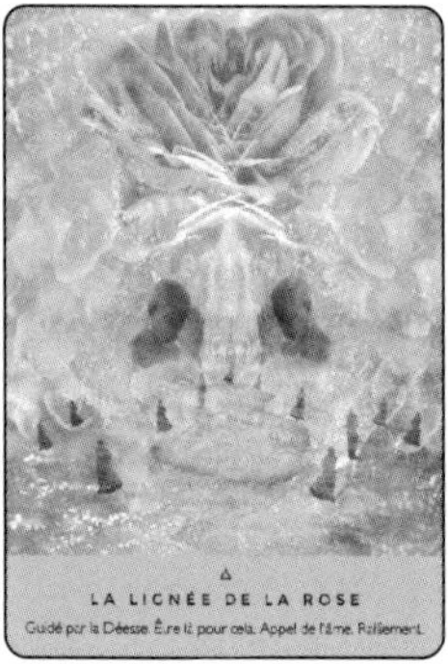

LA LIGNÉE DE LA ROSE

Guidé par la Déesse. Être là pour cela.
Appel de l'âme. Ralliement.

Ces heures sont changeantes et clivantes – c'est pour cette raison que votre âme les a choisies. Vous faites partie d'une équipe dirigée par notre Mère à tous, dont la mission est de retisser le fil de la rose dans la tapisserie de l'humanité. De créer des espaces où chacun se sente chéri et en sécurité. De guérir et d'être guéri des schémas destructeurs du patriarcat. De participer au retour de la Déesse sur la terre.

Si vous avez douté du chemin à emprunter, vous êtes appelé à plonger en vous-même et à faire confiance aux murmures et aux tissages de ses cavernes profondes. Le cœur et non l'esprit révèle la voie de la Rose mystique, si rarement parcourue. Évitez un excès de réflexions ; faites confiance à ses fils tissés en profondeur.

Cette carte est une confirmation de l'appel intérieur et l'assurance que vous n'êtes pas seul. Notre Mère à tous vous remercie de participer à ces grandes heures d'évolution pour l'humanité, de faire votre possible pour vous encourager et encourager ceux qui vous entourent lors de ce voyage de retour – vers eux-mêmes, les autres et la terre. Elle tient à vous faire savoir qu'elle est disponible pour vous guider à chaque étape de cette longue route. Parlez, chantez et dansez avec elle. Vous êtes guidé.

LA QUESTION DE L'ÂME

Comment êtes-vous invité à vous engager plus profondément pour l'humanité et la terre ?

△

LES MURMURES DE LA TERRE-MÈRE

Créativité. Idées. Inspiration. Art.
Écriture. Canal de transmission.

Des créations ont été semées en vous – avant votre naissance. Des opportunités futures attendent d'être tissées et des solutions créatives d'être réalisées, les chants de l'ancienne terre fredonnent à travers vous, demandent à être chantés. Une nouvelle conscience cherche à s'inscrire dans la matière.

Abandonnez-vous aux créations qui vous appellent. Peut-être vous invitent-elles à retisser la toile de la vie.

À tisser davantage votre âme. Vous détenez des clés pour les autres et lorsque vous partagez votre chant, vous libérez en eux une résistance.

La créativité et l'intuition sont issues du même lieu sacré ; elles ne peuvent être reproduites. Elles se manifestent lorsque nous nous retrouvons en phase avec la vie. La Terre est une planète de créativité et pourtant, beaucoup parmi nous ont oublié comment créer. Une grande part de l'humanité a appris à consommer – nous sommes tellement concentrés sur la possession que nous avons oublié comment évoluer rationnellement. Notre consommation nous tue.

Faites confiance aux graines qui ont été semées en vous. Quelque part, au fil du chemin, nous avons cessé de nous considérer comme des artistes, des créatifs, des poètes, des chanteurs... Pourtant, le simple fait d'être humain implique d'être inventif. Peu importe le résultat, prenez le temps d'exprimer votre âme au travers de votre créativité. Vos graines vous montreront le chemin. Elles sont dotées d'une grande intelligence et il vous suffit de les cultiver par une action créative quotidienne et stable.

LA QUESTION DE L'ÂME

Qu'est-ce que votre âme aspire le plus à créer ?

NOTRE MÈRE LA ROSE

Retour vers l'autre. Compassion. Humanité.

Symbole sacré du féminin, la rose existe depuis bien plus longtemps que l'homme. Dans les temps anciens, ses guirlandes auréolaient les statues des Déesses Mères qui l'adoraient. Nous sommes tous ses enfants. Elle nous relie et nous unit. Si nous plongeons dans nos racines, peut-être retrouverons-nous le chemin qui nous conduit les uns vers les autres.

Nous vivons une époque de grande division, d'apprentissage et de désapprentissage. Nous réparons ensemble le fil de l'humanité. Cette carte évoque le retour à l'unité en affrontant ce qui a été brisé, dissocié et rompu. Afin de prendre conscience de votre humanité et du mal accompli, vous devez reconnaître aujourd'hui ce qui est arrivé et vous efforcer de trouver un moyen de revenir vers autrui. Il est possible pour deux personnes de vivre simultanément une expérience distincte, mais néanmoins réelle.

Notre Mère la Rose aspire à ce que l'humanité abandonne ses défenses. Elle attend que vous tendiez la main avec sincérité et compassion. Que vous affrontiez et éradiquiez la tristesse, la colère et la douleur de vos cœurs avec l'aide de sa grâce. Que vous plongiez profondément dans vos racines jusqu'à trouver un terrain d'entente.

Quelles sont pour vous aujourd'hui les relations complexes? Qui vous a blessé? Comment adoucir et exprimer votre vérité sans craindre une atteinte et vous ouvrir à la possibilité de l'existence simultanée de deux vérités?

LE MESSAGE DE LA ROSE

Je prie Notre Mère la Rose de me montrer comment retrouver le chemin qui nous conduit vers elle, la terre et les autres, de m'aider à reconnaître mes difficultés et à emplir mon cœur de compassion pour tous.

NOUS SOMMES LA NATURE

Ancrage. Incarnation. Connexion.

Nous avons bâti un monde au sommet du monde. Si vous cherchez le mot « nature » dans un dictionnaire, vous trouverez une référence aux plantes, aux animaux et aux paysages en opposition aux humains. Nous parlons d'« accéder à la nature » ou de nous « ancrer » comme d'une obligation. Or, nous avons oublié que nous n'existons pas dans la nature – mais que nous sommes la nature.

Les traditions autochtones fondées sur les éléments terrestres ont toujours considéré que la planète et tous les êtres étaient interconnectés et sacrés. Que les hommes ne faisaient qu'un avec la terre. Notre Mère la Rose nous appelle à revenir à elle et au sacré, à réintégrer la nature au cœur de notre vie quotidienne, à considérer que nous lui appartenons, à passer davantage de temps à interagir avec le monde naturel vivant. Quelle est votre relation avec la nature? Quelle est votre relation avec votre propre corps? Comment pouvez-vous vivre de manière plus stable?

Cette carte vous appelle à développer un lien plus profond avec la terre. À passer du temps dans le monde naturel physique qui vous entoure, à en prendre soin et vous positionner comme son gardien. À déceler le sacré dans la vie, à observer les saisons qui changent autour de vous et en vous et vous rappeler que vous faites vous aussi partie du paysage évolutif de la terre, que vous êtes la nature et trouverez toujours votre véritable moi en elle. À embrasser votre corps comme s'il était votre foyer. Et la planète comme si elle était votre Mère.

LA QUESTION DE L'ÂME

Comment vous connecter plus profondément
à la nature et à votre nature véritable ?
Comment revenir davantage à la terre ?

△

L'OUVERTURE

Acceptation. Évolution à travers les extrêmes.
Confiance en la vie.

C'est probablement l'un des plus grands défis de la vie : garder son cœur ouvert face aux situations extrêmes. Personne n'est immunisé contre les hauts et les bas de l'expérience humaine. De l'extase à l'agonie, de la joie au chagrin, de l'amour à la perte, vous ne pourrez pas contourner la complexité de la vie si vous voulez éprouver le bonheur et ne vivrez jamais pleinement la joie si vous fermez votre cœur au chagrin.

Saison après saison, la rose nous l'enseigne, car elle sait que sans un abandon confiant, elle ne pourra pas s'épanouir l'été venu. La naissance nous l'enseigne. Plus une mère se sent en sécurité, plus elle s'ouvre pour donner la vie.

Vivre et mourir en laissant s'épanouir votre cœur constitue un acte courageux, car une vie pleinement vécue est faite de pertes et de tragédies, mais aussi de grands amours, de triomphes et d'aventures. Lorsque vous traversez des moments difficiles et ressentez l'envie inexorable de vous replier sur vous-même, sachez que la guérison survient plus souvent dans le lien que dans la rupture. Si vous vous fermez et fermez votre cœur parce que la douleur est trop vive, vous vous isolez plus que jamais. La rose vous révèle comment vous ouvrir au monde, peu importe ce que la vie vous réserve aujourd'hui.

Cette carte vous encourage à répondre oui à la vie, à grandir au travers des extrêmes et à vous engager pleinement dans votre existence.

LA QUESTION DE L'ÂME

Comment répondre « oui » à la vie ?

△

LE RETOUR

Nouvelle histoire. Décision personnelle.
Alignement. Réunion.

Vous avez patiemment attendu cet instant. Sans doute avez-vous travaillé sur vous-même et aujourd'hui, ce qui vous entoure est en phase avec votre ressenti. En tant qu'être changeant, vous vivez un cycle de croissance infinie. Cela ne signifie pas que votre floraison est constante. Mais que vous évoluez sans cesse. Si elle est semblable à la fleur, cette carte est encore plus puissante. Elle annonce une nouvelle façon d'être. L'écriture d'une histoire inédite.

Un grand changement s'annonce dans votre vie. La transformation demande souvent du temps. Parfois même une existence entière. Reconnaissez le chemin parcouru et votre évolution. Vous participez à la création de cette métamorphose – non seulement au sein de votre propre vie, mais aussi du monde. Prenez un temps pour l'accueillir. Vous n'êtes qu'un parmi tant d'autres, mais votre présence est essentielle. Un pétale dans la rose d'une nouvelle humanité. Un élément de l'évolution éternelle.

Les choses s'alignent pour vous et autour de vous. Elles se réunissent et s'assemblent. Vous vous trouvez au bon endroit au bon moment. Votre monde extérieur reflète votre monde intérieur. Cette carte délivre un message d'harmonie et d'union et incarne une vision claire pour de nombreuses années à venir.

Vous avez accompli le travail préparatoire pour parvenir jusqu'ici. Peut-être durant des mois, des années ou une vie. Profitez de cet instant. Vous pouvez décider de ce qui surviendra ensuite.

LE MESSAGE DE LA ROSE

Je reconnais le chemin que j'ai parcouru et mon évolution.
Je décide de ce qui va suivre.

△

LA RÉUNION

Reconnaissance de l'âme. Symbiose.
Partenariat. Relation amicale.

La période que nous vivons aujourd'hui a été évoquée par les mystiques à travers les âges. Et vous avez choisi de vous y incarner. Vous n'avez pas agi seul. Nous arrivons sur terre par vagues, investis de missions d'âmes conjointes. Vous n'avez jamais été destiné à vivre en solitaire. L'heure de l'union a sonné. Personne n'est le rival de personne ; au contraire, nous détenons les clés les uns pour les autres – tel est le chemin de la rose. Elle nous guide pour que nous nous épanouissions, quoi que fasse l'autre, et ne nous sentions pas menacés par les agissements de l'autre.

La rose ne s'ouvre pas et ne se ferme pas en fonction de celui qui l'approche : elle révèle sa beauté au monde sans hésiter. Telle est votre mission. Certains ont choisi de marcher à vos côtés en s'accordant à votre âme. Mais pour qu'ils vous trouvent, vous devez accepter qu'ils vous voient. Dévoilez-vous. Ouvrez votre cœur et votre esprit à la symbiose plutôt qu'à la compétition.

Beaucoup de personnes, en particulier celles qui s'identifient en tant que femmes, ont appris à se méfier des autres comme si la vie se résumait à une compétition. Cette carte s'accompagne d'un message d'union, de partenariat et d'amitié. La confirmation qu'une ou plusieurs personnes entrent dans votre vie. Elle peut être aussi le signe que vous êtes appelé à cocréer un projet avec une personne que vous connaissez déjà. Décidez de vous épanouir ensemble.

LE MESSAGE DE LA ROSE

Je me libère de toute programmation de rivalité.
Je m'ouvre aux relations et aux collaborations.
Je peux accorder ma confiance et cocréer sans risque.
Je peux m'exprimer clairement sans risque.
Je peux définir des limites et m'impliquer
sans risque avec autrui.

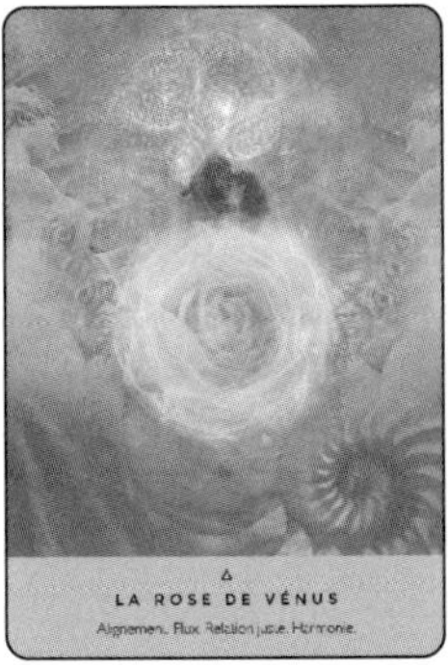

△

LA ROSE DE VÉNUS

Alignement. Flux. Relation juste. Harmonie.

La suite de Fibonacci et le nombre d'or sur lequel elle se fonde sont une séquence dans laquelle chaque nombre entier est la somme des deux précédents. Les pétales d'une rose possèdent ce nombre d'or, chaque nouvelle fleur s'épanouissant dans l'espace laissé par la précédente. Peut-être est-ce la raison pour laquelle nous éprouvons un sentiment de métamorphose lorsque nous contemplons sa corolle.

La rose originale possédait cinq pétales et était très différente de celles que nous cultivons aujourd'hui. Si vous suivez la course de la planète Vénus sur une période de huit ans lors de son orbite autour du Soleil, vous la verrez décrire une étoile à cinq branches, semblable aux cinq pétales de la rose de Vénus. Vénus était la déesse romaine de l'amour, de la sexualité et de la fertilité et son symbole était la rose. Peut-être les anciens étaient-ils mieux informés sur l'interdépendance de l'Univers et de la vie que nous l'imaginons.

Un ordre sacré existe pour tout et pour chaque chose. La nature détient les codes de la vie. Parce que vous appartenez à la nature, vous les détenez vous aussi. Une force intelligente gouverne la vie. Cette force qui intime aux fleurs quand fleurir et à la planète de tourner vibre en vous. Un excès d'analyse et de réflexion risque de vous éloigner de l'alignement avec la nature et donc de la vie. Tout comme une résistance au changement.

Cette carte est une invitation à observer tout ce qui n'est pas en phase, à faire confiance à la tapisserie de l'existence, à votre nature en constante évolution et à vous consacrer à une vie profondément harmonieuse.

LA QUESTION DE L'ÂME

Qu'est-ce qui n'est plus en harmonie avec
la personne que vous êtes appelé à incarner ?

△

LA ROSE MYSTIQUE

Compassion. Dévotion. Humilité. Humanité. Grâce.

La rose était le symbole des déesses. Dès lors, il n'est guère étonnant que Marie, la Déesse Mère, y ait été associée lorsque le christianisme s'est emparé en Europe des traditions celtiques. Peut-être son culte est-il lié au fait qu'elle devint alors la seule Déesse Mère susceptible d'être vénérée sans risque et incarnait en tant que telle la dévotion et le désir de tous ceux qui aspiraient à adorer la Déesse sous une forme féminine.

Le lien de Marie avec la rose se révèle dans certains de ses noms, notamment Rosa mystica (la Rose mystique) et la Rose sans épines. Lors des processions en son honneur, les fidèles foulaient des chemins recouverts de pétales de rose comme avaient coutume de le faire les adorateurs des déesses païennes. L'Église a modifié les histoires des déesses du passé – y compris celles ayant pour attribut la rose, comme Aphrodite, dont le sang empourpra la rose blanche –, destituant les déesses pour imposer la Vierge Marie. Des églises ont été érigées dans toute l'Europe et au-delà, souvent sur le site de temples celtiques et de lieux de culte des déesses. Beaucoup présentent des rosaces à l'ouest – la direction du féminin – en hommage à Marie, la Mère de la rose.

Cette carte est celle de la compassion, de la dévotion et de la grâce. Elle vous encourage à adoucir votre rapport à l'humanité et à poser sur le monde, y compris sur les personnes qui vous ont blessé, un regard charitable en ouvrant votre cœur avec humilité. À comprendre que nous portons tous en nous notre lot de douleurs et de blessures et avons tous été confrontés à la séparation. Notre Mère Marie vous invite à ouvrir votre cœur à l'humanité au moment où vous souhaitez plus que tout le fermer.

LA QUESTION DE L'ÂME

Comment faire preuve de compassion aujourd'hui ?

△

LA ROSE SANS ÉPINES

Le bonheur est un dû. Douceur de vivre et paix.

La plupart des roses ont des épines qui les protègent. Si vous vous approchez, leurs pointes acérées risquent de s'accrocher à vous et de vous retenir. Comme si elles voulaient contraindre celui qui contemple la reine des fleurs à se soumettre à sa beauté saisissante et à son parfum.

Toutefois, quelques-unes ne possèdent pas, ou peu, d'épines. C'est ce dont il s'agit dans cette carte. La Rose sans épines est une invitation à plonger dans la douceur de la vie. À vous reposer dans sa quiétude. À vous délecter de son délicieux parfum, à vous abandonner à son étreinte et à savourer l'idée d'être vivant, à embrasser la beauté et le bonheur insufflé par la vie.

Vous avez droit à la joie et la Rose sans épines vous convie à en apprécier dès aujourd'hui chaque nuance. Afin de vous perdre dans la douceur de votre vie et de célébrer ce moment rare de paix profonde et de plaisir. Elle vous invite à goûter tout ce qu'elle est à même de vous offrir. À vous délecter de son nectar. Vous en méritez chaque goutte. Vous avez travaillé pour cet instant. Accueillez-le à bras ouverts sans crainte du moindre risque. Incarnez-le. Et si la vie est en perpétuelle évolution et vous invite constamment à grandir, la leçon est aujourd'hui de jouir de tous les instants qu'elle vous offre.

LE MESSAGE DE LA ROSE

J'ai droit au bonheur.
J'apprécie et savoure le doux nectar de ma vie.

△

LA ROSE SAUVAGE

Agir à sa façon. Embrasser son unicité.
Refuser tout contrôle.

Si quelqu'un dit que vous n'êtes pas normal, dites merci. Si quelqu'un dit que ce que vous faites n'est pas normal, répondez naturellement. La rose sauvage sait qu'aucune rose n'est identique à une autre. Elle ne tente pas de fleurir en rangées ordonnées selon un calendrier précis. Elle ne s'ouvre pas et ne se ferme pas en fonction de celui qui l'approche. Elle fait confiance à son propre timing et s'épanouit avec abandon. Elle est résiliente. Elle sait qui elle est.

La rose sauvage connaît sa nature unique et veut que vous vous souveniez vous aussi de la vôtre. Elle sait que ce qui vous passionne vous libère et que ce qui vous freine vous blesse. Que votre nature diversifiée et unique est plus essentielle aujourd'hui que jamais.

Cette carte s'accompagne d'une invitation à accomplir ce qui renforcera votre sensation de liberté, à faire confiance à ce qui vous distingue. À réaliser que vous n'étiez jamais censé vous intégrer, à grandir d'une manière parfaite et cultivée, à vous épanouir à l'unisson avec une autre personne. Jamais vous n'avez été destiné à être captif ou dominé.

La nature est riche de diversité. C'est un impératif pour sa survie. Et pour la vôtre. Soyez celui que vous êtes venu incarner. Exprimez ce que vous êtes venu exprimer. Chantez le chant que vous êtes venu chanter. Ensemble, les passionnés seront nos libérateurs.

LE MESSAGE DE LA ROSE

Je me libère des liens qui me retiennent captif.
Je libère la passion unique qui brûle en moi.

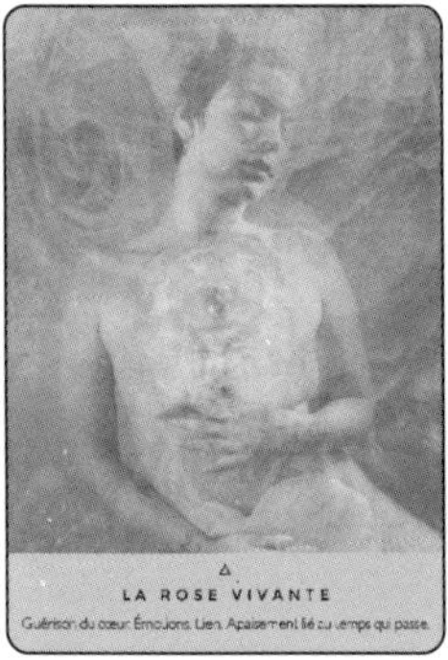

△

LA ROSE VIVANTE

Guérison du cœur. Émotions. Lien.
Apaisement lié au temps qui passe.

Souvent, la guérison est un processus lent et régulier, complexe et non linéaire. Pour s'accomplir, elle prend le temps nécessaire qui, le plus souvent, se révèle plus long que nous le souhaiterions. Mais, comme toutes choses dans la nature, son évolution relève d'une intelligence mystérieuse. Si vous lui faites confiance et libérez les pétales vibrants de la rose, coupez ses fleurs fanées et protégez ses nouvelles pousses et bourgeons afin qu'ils s'ouvrent naturellement, vous vivrez une seconde floraison. Et vos actes porteront leurs fruits. Vous ne pouvez pas fabriquer ce processus et devez faire confiance à son mystère.

Le bourgeon parvient tant bien que mal à éclore en s'affranchissant de ses barrières protectrices et en s'ouvrant à la vie. Toute la nature possède en elle cette formidable intelligence. Le défi, lorsque vous traversez une période de guérison – qui est un autre mot pour croissance, métamorphose ou changement –, n'est pas de vous fermer au monde alors que vous rêvez de vous en éloigner et de vous isoler, mais au contraire de trouver le courage de vous ouvrir à travers l'agonie, les difficultés et la douleur puis, quand vous vous sentez suffisamment en sécurité, de laisser la vie vous apaiser, vous enrichir, vous bercer et, surtout, ne jamais vous endurcir.

Cette carte incarne la guérison profonde du cœur, le symbole d'une guérison émotionnelle en cours – honorez-la et honorez-vous avec compassion, compréhension et douceur – et vous encourage pour ce que vous faites. Bientôt, le temps vous apaisera.

LA QUESTION DE L'ÂME

Comment vous honorer avec douceur et compassion ?
Comment faire confiance au timing de votre guérison ?

△

LA ROSÉE DU MATIN

Clarté. Nouveau départ. Perspective positive.

Un moment particulier existe où, lorsque le jour vient de poindre et que le soleil est encore naissant, la possibilité d'une renaissance nous est aussi offerte. La rosée du matin nous offre la beauté d'un renouveau et, alors que ses perles humides s'accumulent sur la rose, nous invite à discerner plus clairement la situation dans son ensemble, parfois d'une manière totalement distincte de la veille. Soudain, une nouvelle perspective se matérialise.

Sur la planète entière, les guérisseurs croient en ses formidables qualités curatives. Selon leurs dires, elle possède les propriétés des plantes dont elle capture l'essence. Des pratiques telles que marcher pieds nus sur la rosée, la boire sur les pétales et enduire son corps de ses perles d'eau induiraient de puissantes modifications dans le processus de guérison.

Si vous avez la chance de rencontrer ainsi l'aube, vous pouvez vous aussi être béni par ce liquide curatif, gardien de l'essence secrète de la terre et de l'Univers : la rosée du matin.

Cette carte indique que la clarté se rapproche. Un nouveau départ et un changement de perspective sont soudain accessibles. La transformation est en route. L'avenir s'annonce transfiguré, rempli d'espoir, positif et brillant. Continuez à vous concentrer sur votre aboutissement idéal et faites confiance à l'énergie de la rosée matinale.

LE MESSAGE DE LA ROSE

Je m'ouvre afin de recevoir la clarté puissante
et les transformations de la rosée du matin.
Je suis prêt à poser sur cette situation un regard neuf.

LA ROSERAIE

Innocence. Pardon. Douceur envers soi-même.

Vous êtes saint et entier. Vous êtes innocent et naturellement bon. Vous n'avez jamais été expulsé du jardin d'Éden. Aucun de nous ne l'a jamais été. Cette carte vous délivre un message de bienvenue. D'un retour à l'innocence.

Si vous avez la sensation d'avoir mal agi sans savoir ce que vous avez fait, si vous vous sentez honteux d'avoir blessé quelqu'un et peinez à vous pardonner, cette carte vous invite à vous libérer de toute honte, jugement ou sentiment nuisible et à faire ce qui est nécessaire pour lâcher prise et implorer le pardon. À vous souvenir que vous êtes un être humain et qu'en tant que tel, vous êtes venu sur terre pour apprendre et grandir. Comme nous tous en ce monde.

Vous n'êtes pas en faute. Vous ne l'avez jamais été. Vous êtes une œuvre en devenir. Nous le sommes tous. Vous apprenez et désapprenez. Nous le faisons tous. Soyez bienveillant envers vous-même et les autres. Revenez à la compassion. À votre humanité. Rappelez-vous que vous n'avez jamais été parfait et que la perfection humaine n'existe pas. Grandissez et apprenez en douceur. La bonté est en vous. Ne l'oubliez jamais. Chérissez cette pensée. Chérissez-la également chez les autres.

Nous faisons tous de notre mieux. Lorsque nous apprenons quelque chose, nous pouvons décider d'agir différemment en accomplissant une action inédite. Engagez-vous à apprendre et à vous améliorer chaque jour. C'est ce que signifie être humain. Embrassez votre humanité. Sans cela, vous réfuterez votre part d'ombre. Or, c'est en l'affrontant sans défense que vous parviendrez à apprendre et grandir. Accueillez votre bienveillance et il vous sera plus facile d'accepter les autres et le monde.

LA QUESTION DE L'ÂME

Comment faire preuve de plus de bienveillance envers vous-même ?

△

LE SAINT GRAAL

Fin des quêtes infinies. Quête intérieure.

Recherché depuis des siècles, le Saint Graal est une mystérieuse relique qui a nourri une multitude de récits à travers les âges. Selon certains, il détient la clé de la vie éternelle et de l'union divine. Beaucoup ont consacré leur vie à sa quête. Il figure dans les légendes du roi Arthur ; le chevalier Galaad a concrétisé la vision de Dieu grâce à lui.

Dans la mystique chrétienne, le Graal est la coupe utilisée par Jésus au cours de la Cène, son dernier repas, et dans laquelle Joseph d'Arimathie aurait recueilli son sang lors de la crucifixion. Cet objet mythique aurait ensuite été emporté sur l'île d'Avalon et enterré sur Chalice Hill (Glastonbury, au Royaume-Uni), conférant aux sources de Chalice Well leur couleur écarlate. Aujourd'hui, les pèlerins viennent du monde entier boire ces eaux curatives. Certains pensent que la légende du Graal est antérieure au Christ et s'inspire des puits et des chaudrons de la mythologie galloise et celtique.

Le Saint Graal représente la quête spirituelle ultime. Pour beaucoup, les quêtes sont des lieux physiques qu'il faut rejoindre, conquérir ou découvrir, mais peut-être le Graal n'est-il qu'une invitation à entrer en nous-mêmes. À nous connecter à sa grâce intérieure afin de trouver celle qui nous entoure. À réaliser que ce voyage destiné à nous désaltérer au puits éternel revient à trouver cette relique dans cette part de notre être qui ne peut disparaître.

Peut-être est-ce pour cette raison que la rose est son symbole. Ses pétales vous invitent à la pénétrer. Car c'est en elle que vous découvrirez le nectar de votre quête attendant patiemment votre retour. Cessez de regarder à l'extérieur, cessez les quêtes sans fin, tournez votre regard en vous-même.

LA QUESTION DE L'ÂME

Comment entrer à l'intérieur de vous-même et mieux vous concentrer sur l'essentiel ?

△

LA SECONDE FLORAISON

Seconde chance. Il n'est jamais trop tard. Nouvelles opportunités.

Cette carte est celle des secondes chances, des nouveaux départs, de la régénération et de la réinvention. Il n'est jamais trop tard pour succomber à ce qui s'épanouit en vous. Il vous suffit de vous abandonner aux bourgeons qui aspirent à grandir et à se révéler. Peu importe votre âge ou ce qui s'est passé précédemment, cette carte vous appelle à vous ouvrir à une seconde floraison. À accueillir la nouveauté et à la partager.

À reconnaître les passions secrètes, les désirs, les créations et les aspirations et à les laisser bourgeonner et fleurir.

Si vous parvenez à des fins honorables, de nouveaux commencements surviendront toujours. Si vous vous abandonnez aux cycles de la vie, vous découvrirez que le printemps revient toujours après l'hiver et que si vous entretenez les graines dans la terre fertile, celles-ci finissent toujours par éclore.

Alors que vous pensez la saison terminée et que l'hiver approche, certaines roses offrent une seconde floraison inattendue. Dans un tirage, cette carte indique probablement que vous êtes prêt vous aussi à vivre un renouveau. Peut-être l'une de vos créations attend-elle d'être réalisée ou une nouvelle relation ou passion se dessine-t-elle dans votre vie. Ou peut-être cette renaissance n'est-elle qu'une nouvelle version de vous-même.

Plus vous vous ouvrez au changement, plus vous vous ouvrez à la vie. Et plus vous vous ouvrez à la vie, plus vous vous ouvrez à la renaissance. C'est ce que signifie réellement vivre. Dites oui à la vie – ainsi, lors de votre dernier souffle, vous expirerez tout en étant pleinement vivant.

LA QUESTION DE L'ÂME

Quelle création inattendue désire fleurir en vous ?

△

LE SOLEIL

Joie. Jouissance. Force de vie. Succès. Vitalité. Jeu.

En été, lorsque le soleil est à son zénith, la rose est à son apogée. Son parfum est doux et ses fruits s'épanouissent. Dans cet oracle, le soleil représente l'énergie vitale, la vitalité, la confiance, le succès, la positivité, le plaisir et la joie de vivre. Après avoir quitté l'obscurité fertile du sol, la future rose jaillit vers la lumière solaire qui joue pleinement son rôle en la nourrissant pour qu'elle atteigne son apogée. Et en nous nourrissant nous aussi.

L'une des plus grandes bénédictions de la vie n'est-elle pas de sentir la chaleur du soleil sur votre visage? De boire le nectar d'or que la vie vous offre et de vous prélasser dans le bonheur d'être vivant? Cette carte est une invitation à savourer votre vitalité, embrasser votre joie, profiter des plaisirs simples, prendre le temps de vous amuser, remercier votre corps, reconnaître l'énergie vitale tissée à travers toute vie, vous rappeler que votre âme a fait un rêve et que votre existence en est un.

Cette carte merveilleuse annonce une période ludique, de plaisir et de joie. Le soleil peut également représenter votre enfant intérieur et vous appeler à vous détendre. Dernièrement, avez-vous passé votre temps à travailler sans jamais vous distraire? Votre enfant intérieur aspire-t-il à courir librement? Que pouvez-vous faire pour profiter des joies simples de la vie? Si vous vous accordez un espace de détente, des problèmes autrefois insolubles se résoudront.

LA QUESTION DE L'ÂME

Comment profiter davantage de votre vie ?
Que pouvez-vous faire dans le seul but de vous divertir ?

△

SOPHIA

Projet divin. Sagesse. Intelligence intérieure. Destin.

Sophia est un mot grec signifiant « sagesse ». Sophia est censée avoir été présente au moment de la création et est souvent représentée comme une femme – cette hypothèse transforme notre appréhension patriarcale d'un Dieu unique, masculin, seul responsable de la création. Dans le livre des Proverbes de la Bible, Sophia dit : « J'étais présente au début de la création… j'ai participé aux côtés du Seigneur à cette œuvre. » Selon de nombreux universitaires et historiens de l'art, la femme figurant aux côtés de Dieu sur le plafond de la chapelle Sixtine de Michel-Ange n'est autre que Sophia et pour l'anthroposophe Rudolf Steiner, la Déesse Mère égyptienne Isis était son incarnation.

Sur cette carte, la galaxie qui voile la corolle en spirale de la rose est une représentation mystique de Sophia, détentrice du plan divin. L'intelligence qui dit à la rose quand s'ouvrir et à la planète de tourner vit également en vous. Cette carte vous appelle à accorder votre confiance à cette intelligence qui vous a mené sur terre. Sachez que le canevas de votre destin est déjà connu. Quels rêves secrets nourrissez-vous? Qu'êtes-vous appelé à accepter et à créer?

Sophia embrasse le cosmos. Elle détient le plan de la création. Rien ni personne n'est oublié. Appelez-la pour vous guider. Ayez foi en l'intelligence de vos cellules. Vous savez ce que vous devez accomplir. Faites confiance à votre programme intérieur. Laissez les graines de votre destin vous guider.

LE MESSAGE DE LA ROSE

Je fais confiance au plan divin, j'active l'intelligence de mes cellules, je libère mon destin et agis sur lui dès aujourd'hui.

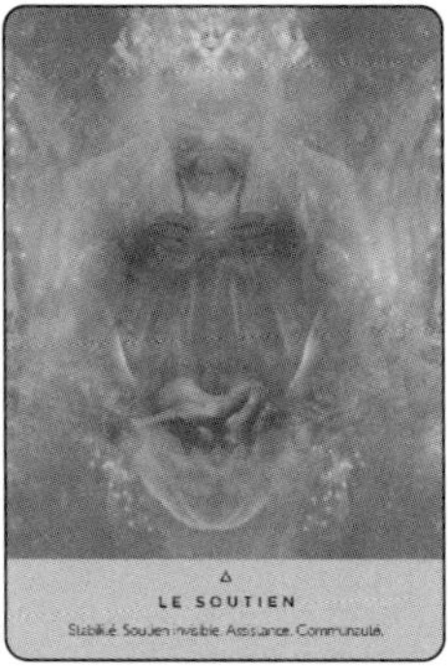

△

LE SOUTIEN

Stabilité. Soutien invisible. Assistance. Communauté.

Lorsque les temps sont troubles, nous avons besoin d'un appui solide. Lorsque tout s'effondre autour de nous, nous avons besoin d'un pilier inébranlable et quand souffle le vent du changement, de racines profondes pour nous stabiliser, d'une communauté qui nous épaule.

Lorsque vous quittez votre foyer, vous avez besoin d'un soutien. Lorsque votre amour n'est plus, vous avez besoin d'un soutien. Lorsque vous perdez un emploi, vous avez besoin d'un soutien. Si vous pensez n'en avoir aucun, cette carte vous invite à trouver de nouveaux appuis. Vous découvrirez ainsi la stabilité du sol, la solidité de vos racines et appellerez votre communauté à vous offrir cette assistance. Vous n'avez jamais été censé grandir seul sur cette terre.

Parfois, la vie nous arrache aux personnes et aux choses auxquelles nous tenons le plus. Ou peut-être y tenons-nous parce que nous pressentons les cycles de changement. Pourtant, dans l'obscurité de notre nuit la plus longue et la plus obscure, nous découvrons que c'est au sein des espaces vides que les soutiens les plus solides existent. Ceux dont nous ignorions l'existence. Et que ce que nous pensions être une tombe s'avère en réalité un utérus.

La Grande Mère vous soutient. Faites confiance à la stabilité de son sol, au processus de ce qui survient en sachant que vous n'êtes pas seul pour traverser la vie.

LA QUESTION DE L'ÂME

Comment solliciter plus de soutien dans votre vie ?
Quel est votre soutien aujourd'hui ?

△

SUB ROSA

Secret. Mystère. Apprentissage et enseignement.

La rose est le symbole du secret depuis des millénaires. Dans l'Antiquité, les Romains portaient des guirlandes de roses lors d'événements ou de cérémonies spécifiques et les conversations qui se tenaient sous leur dais étaient considérées comme *sub rosa* (les paroles prononcées « sous la rose » étant appelées à demeurer secrètes). Il existe également une image de l'ancien dieu égyptien Horus assis, une rose à la main et un doigt sur les lèvres, symbole du silence sur les mystères profonds du monde.

L'expression *sub rosa* aurait ses origines dans la Grèce antique où, en 477 av. J.-C, une négociation secrète eut lieu dans un bâtiment rattaché au temple de Minerve (visible sur cette carte). Sur le toit du bâtiment se trouvait une roseraie – impliquant la confidentialité des propos tenus « sous la rose ». Une autre théorie, peu réaliste, de l'origine de l'expression est liée à Éros qui aurait corrompu Harpocrate, le dieu grec du silence et du secret, avec une rose pour le persuader de garder le silence sur les affaires des dieux.

Cette carte symbolise les grands mystères à découvrir et à mémoriser, les secrets attendant d'être dévoilés, les enseignements que votre âme peut apprendre. Regardez au-delà de ce que vos yeux discernent et cherchez en profondeur. Vous êtes ici pour révéler une sagesse oubliée, d'anciens secrets et des mystères insondables. Êtes-vous appelé à les étudier, à vivre les questions fondamentales et à incarner un rôle d'enseignant, de guide ou de mystique? À remettre en question ce qui est dit et exhumer des vérités inconnues?

LA QUESTION DE L'ÂME

Qu'êtes-vous appelé à étudier, approfondir ou découvrir ?

△

LE TEMPLE DE LA ROSE

Pouvoir ancien. Expression. Activation. Codes divins.

Depuis des millénaires, le pouvoir féminin, l'expression et la sagesse ont été éradiqués. En conséquence, le féminin a été réduit au silence, rejeté et méprisé. Nous nous sommes déconnectés de la terre (la Mère) et avons cessé de vénérer nos aînés. Mais les temps ont enfin changé et nous participons tous à cette évolution.

Chaque fois que vous honorez votre corps, exprimez votre sagesse, partagez votre opinion et vous connectez à votre sensualité, vous guérissez le fil sacré du féminin. Chaque fois que vous vous réappropriez votre pouvoir, vous guérissez le fil sacré du féminin. Chaque fois que vous vous réunissez en cercle, vous guérissez le fil sacré du féminin. Chaque fois que vous honorez votre nature cyclique et les cycles de la nature, vous guérissez le fil sacré du féminin.

Quelle que soit votre orientation sexuelle, cette carte vous rappelle votre pouvoir. Elle est une expression de votre vérité, quelle qu'elle soit, et vous convie à partager la voix de votre âme et à fredonner le chant que vous êtes venu chanter.

Elle est un appel à l'action et à la commémoration. Vous êtes l'enfant de l'ancienne Déesse. En vous exprimant, vous vous exprimez pour tous ceux qui n'ont pas eu la possibilité de le faire. En vous réappropriant votre pouvoir, vous le faites pour tous ceux qui n'ont pas pu le reconquérir. Chaque fois que vous vous libérez d'une entrave, vous libérez ceux qui vous succéderont.

Partagez votre voix, chantez votre chanson, dansez votre danse, retrouvez votre pouvoir. C'est pour ces raisons que vous êtes venu sur terre.

LA QUESTION DE L'ÂME

Comment vous réapproprier votre pouvoir, exprimer votre vérité ou honorer votre nature cyclique intérieure ?

△

LES TERRES DÉSOLÉES

Pérennité. Ralentissement.
Entretien de son jardin intérieur.

Un mythe français anonyme du XIIIe siècle dans un poème intitulé *L'Élucidation* raconte l'histoire d'un roi qui maltraite la terre sur laquelle il est censé veiller. Parce qu'il brise la confiance des jeunes vierges gardiennes des puits de la terre, celles-ci s'enfuient. Alors les eaux s'assèchent, les plantes flétrissent et la terre, autrefois riche et fertile, devient stérile et désolée.

Cette carte est la plus puissante de l'oracle. Elle vous avertit de mettre fin au comportement destructeur qui vous fragilise et vous empêche d'adopter une manière d'être pérenne. Le féminin sacré abonde ; il sait que la terre peut subvenir à ses besoins et qu'il est inutile de prendre plus que le nécessaire. Il soigne la terre autour de lui et en lui. Il est le gardien de l'équilibre et le protecteur de tous les êtres vivants.

La rose a vu les civilisations, les empires naître et mourir. Cette carte vous presse de ralentir et de mettre un terme à toute forme d'être qui ne soit pas durable. Afin de libérer ce qui vous fragilise. D'entretenir votre jardin, votre corps et la terre qui vous entoure.

LA QUESTION DE L'ÂME

Quelle manière d'être n'est plus viable pour vous ?

△

L'UNION SACRÉE

L'être aimé qui est en soi. Relations intérieures et extérieures.

Les relations sont révélatrices de notre évolution. Elles nous bercent et nous ouvrent à la vie. Par le lien et la division, l'amour et la blessure, la compassion et la séparation, elles nous invitent à revenir à notre relation la plus essentielle – celle que nous entretenons avec nous-mêmes, cette union sacrée qui attend patiemment en nous.

Les enseignements du mystère ancestral murmurent les secrets d'unions sacrées: le *Hieros gamos*

(« mariage sacré ») dans le mysticisme chrétien primitif, la kabbale, l'alchimie sexuelle dans les enseignements de l'Égypte antique et le *Yab-yum* (« père mère ») dans le bouddhisme tibétain. Vous connaissez les couples mystiques à l'image d'Isis et d'Osiris, mais sachez que le masculin et le féminin sacrés existent aussi en vous et que toute union sacrée réalisée grâce à la relation extérieure est une invitation à développer l'union intérieure.

Chaque relation peut être considérée comme un appel à approfondir le lien avec l'être aimé intérieur, même dans les relations les plus complexes – en particulier les plus complexes.

L'union sacrée n'existe pas uniquement entre vous et une autre personne – elle implique un retour à vous-même. Or, un retour à soi-même signifie un retour à l'humanité dans son ensemble.

Peut-être êtes-vous appelé à grandir au travers de vos relations. Peut-être avez-vous le sentiment d'être mis à l'épreuve, de vivre sous pression ou de désirer quelque chose d'extérieur à vous-même. Cette carte vous incite à intensifier le lien qui est en vous, à vous accepter pleinement et à vous traiter comme la personne la plus précieuse au monde. Plus vous aurez la sensation d'être étreint, plus il vous sera facile d'étreindre les autres.

LA QUESTION DE L'ÂME

Comment vous étreindre davantage ?

△

VENEZ À MOI

Séduction. Accueil. Abondance. Désir.

En été, lorsque les roses sont à leur apogée et que leur parfum semble suspendu dans les airs, avez-vous déjà remarqué l'apparition soudaine des abeilles et d'autres pollinisateurs? La pollinisation se produit lorsque les pollens de deux plantes s'unissent ou sont transférés du stigmate d'une fleur à un autre.

La rose ne s'agite pas frénétiquement pour attraper l'abeille ; elle l'attend. Elle ne cherche pas à l'atteindre. Elle saisit l'abondance, permet à la vie de venir jusqu'à elle et la reçoit pleinement. Elle ne s'ouvre pas et ne se ferme pas en fonction de celui qui l'approche ; elle s'ouvre et fleurit, quel qu'il soit.

Cette carte vous appelle à recevoir l'abondance, la douceur de votre vie, à embrasser la magnificence de votre être et à accepter la possibilité de concrétiser vos aspirations profondes. À définir clairement vos souhaits et à croire que tout ce qui vous est destiné brûle de venir jusqu'à vous, à exprimer vos désirs à voix haute et révéler vos aspirations.

N'essayez pas de saisir, de forcer, de contrôler ou de manipuler – cela vous épuiserait et vous fragiliserait. Cette carte signifie que la véritable abondance, durable, se profile. Connectez-vous à votre nature sensuelle. N'ayez pas honte de vos désirs. Et lorsqu'ils surgissent, délectez-vous de chaque seconde qui passe.

LA QUESTION DE L'ÂME

Que désirez-vous ?
Qu'êtes-vous prêt à libérer en vous afin de mieux recevoir ?
Comment parvenir à séduire à la manière d'une fleur ?

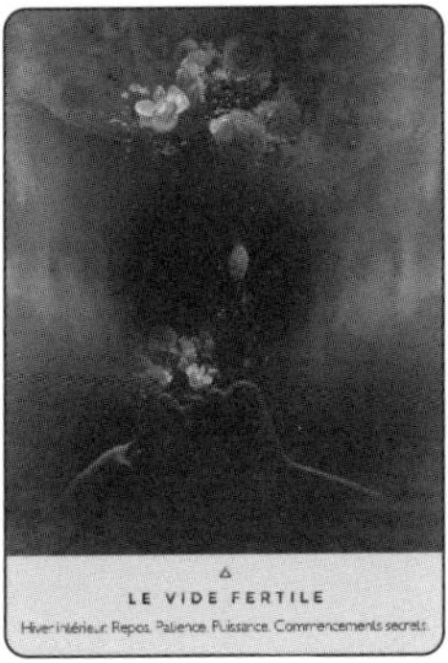

△

LE VIDE FERTILE

Hiver intérieur. Repos. Patience. Puissance.
Commencements secrets.

Cette carte augure la chance et détient les puissantes graines d'or d'un nouveau départ, ainsi que les conséquences d'une fin. Nous sommes appelés à faire preuve de patience et à entrer dans un état de profond repos, de réparation, de régénération et d'acceptation. À laisser mourir métaphoriquement une part de notre vie afin de semer, germer, bourgeonner et fleurir à nouveau.

Lorsque vous tirez cette carte, un lâcher-prise, un chagrin, un deuil, une mort de vous-même ou de ce qui existait est souvent impliqué. La fin d'une composante majeure de votre vie. Une relation, un métier, une identité, une manière d'être. Le vide fertile vous demande d'honorer cette fin afin de mieux renaître. Sans cet élément fondamental de la croissance, le renouveau est impossible.

Vous discernez la graine d'or tendrement bercée dans le sol sombre et riche. Il est facile de confondre cette phase de croissance avec un moment d'inertie. Or, sous la surface du sol hivernal, la vie n'a jamais été aussi active.

L'hiver est une phase d'initiation, de renouvellement et de renaissance que nous rencontrons nous aussi lors de nos périodes hivernales intérieures. Nous nous enfouissons alors métaphoriquement « sous terre » pour marquer une pause et reprendre des forces. Vous n'en avez peut-être pas conscience, mais cette étape est essentielle au processus de croissance. Pour la franchir, vous devez accorder votre confiance et vous abandonner.

Ayez foi en la stabilité du sol. La nouveauté se tisse sans que vous ayez à gérer chaque mouvement.

Ayez foi en la stabilité du sol. Laissez-vous bercer par le grand mystère. Ce moment est à la fois bienveillant et puissant.

LA QUESTION DE L'ÂME

Comment vous abandonner au grand mystère ?

BIBLIOGRAPHIE

REBECCA CAMPBELL

ORACLES

La Voie des artisans de lumière, Éditions Exergue, 2019.

La Voie des êtres stellaires, Éditions Exergue, 2022.

LIVRES

La lumière vous va si bien, Éditions Ada, 2016.

Agenda 2023 *Une fenêtre et des livres*, Éditions White Star, 2022.

△

À PROPOS DE LA CRÉATRICE

Rebecca Campbell est écrivaine, poétesse, mystique, artiste, ritualiste et mère. Elle dédie ses créations au tissage de l'âme et du sacré dans le quotidien.

Née en Australie, elle vit aujourd'hui à Glastonbury, au Royaume-Uni. Lorsqu'elle était enfant, les grands mystères la fascinaient et elle a répondu à l'âge de 18 ans à un appel intérieur pour entreprendre un pèlerinage solitaire et découvrir les lieux sacrés de son ascendance. Elle a vécu plusieurs expériences d'éveil initiatique et, depuis 2010, accomplit un travail conscient avec la rose. Selon elle, nous sommes la nature et, à l'instar de la nature, nous évoluons sans cesse. Ses trois étapes pour vivre une vie guidée par l'âme ont transformé la vie de milliers de personnes. Avant d'écrire, Rebecca était une directrice créative et conceptuelle reconnue et primée.

rebeccacampbell.me

@rebeccacampbell_author

rebeccacampbell.me/newsletter

À PROPOS DE L'ARTISTE

Artiste spirituelle intuitive, Katie-Louise crée des visions du cosmos célébrant la beauté et la pureté dans l'univers divin, issues des puissances supérieures qui s'adressent à elle au travers de son cœur et de son âme.

Une grande part de son inspiration se concentre sur le féminin divin et la magie qui nous entoure, mais que nous oublions parfois de discerner. Elle transforme les ombres grâce à l'alchimie, apportant la lumière, l'amour inconditionnel et la luminosité rayonnante aux luttes auxquelles nous sommes confrontés dans notre vie quotidienne.

@she_is_luminous

sheisluminous.com